어떻게 아빠랑
단둘이 여행을 가?

서른살 딸이 아빠와 가장 친해진 유럽여행기

어떻게 아빠랑 단둘이 여행을 가?

같이 갈래 시리즈 03

초판 1쇄 인쇄 | 2019년 11월 20일
초판 1쇄 발행 | 2019년 11월 25일

지은이 | 최아름
발행인 | 김태영
발행처 | 도서출판 씽크스마트
주 소 | 서울특별시 마포구 토정로 222(신수동) 한국출판콘텐츠센터 401호
전 화 | 02-323-5609·070-8836-8837
팩 스 | 02-337-5608

ISBN 978-89-6529-217-3 03920

• 원고 | kty0651@hanmail.net

• 이 도서의 국립중앙도서관 출판예정도서목록(CIP)은 서지정보유통지원시스템 홈페이지(http://seoji.nl.go.kr)와 국가자료공동목록시스템(http://www.nl.go.kr/kolisnet)에서 이용하실 수 있습니다.(CIP 제어번호: CIP2019042992)

• 씽크스마트 • 더 큰 세상으로 통하는 길
• 도서출판 사이다 • 사람과 사람을 이어주는 다리

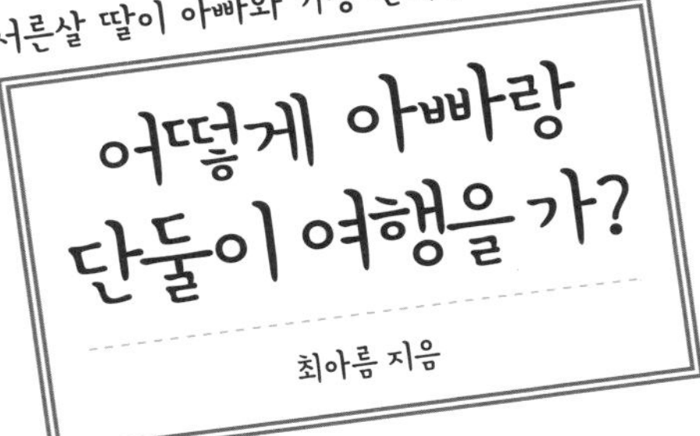
서른살 딸이 아빠와 가장 친해진 유럽여행기
어떻게 아빠랑
단둘이 여행을 가?
최아름 지음

추천사

아빠의 설렘을 함께 한 적이 있나요?

생각해보면 나의 모든 처음을 가르쳐준 사람은 아버지입니다. 세발자전거 타는 법을 가르쳐 준 것도, 유치원 동요대회에 나가기 전 나를 꼭 안아주던 사람도 '아빠'였습니다. 그런 아빠에게도 '처음'이 있다는 걸 잘 몰랐어요. 아버지의 첫 유럽여행, 처음 보는 풍경들, 처음 만나는 인연들……. 그리고 환갑이 지난 나이여도, 항상 처음은 설레고 떨리다는 것도요. 이 책을 읽으며 아버지의 설레는 처음을, 그 순간을, 함께 할 수 있어서 참 행복했습니다.

tvN 예능 PD **박현주**

딸과 아빠의 역할 체인지

평생 일과 가족만 알고 살던 집안의 기둥과도 같던 아버지는 낯선 여행지에서 심청이 없이는 아무것도 할 수 없는 심봉사가 되고, 방황과 반항을 꿈꾸던 딸은 장님인 아버지를 위해 단둘이 떠나는 여행의 파도 속을 용감하게 뛰어드는 심청이가 된다. 이들은 역할 체인지를 통해 서로의 새로운 모습을 발견하고 깊이 있게 서로를 알아간다.

"대체 내 딸은 왜 체코어를 배우러 간 걸까? 내 자식이지만 가끔은 진짜 누구 유전자가 들어 갔는지 궁금할 때가 있다." 아빠생각 코너에 나온 문장을 읽고 배를 잡고 웃었다. 이 책의 저자는 체코 여행 가이드북까지 출간한 여행 작가다. 그러나 어떤 여행 전문가도 부모 앞에서는 그저 어린 자식일 뿐. 서로의 단편적인 모습만을 기억하던 두 사람은 함께 여행하며 작아진 아버지의 어깨, 독립적인 딸의 모습을 알아간다.

이 책은 "내가 이렇게 멋진 여행을 했소!"가 아닌 "아버지랑 평생 곱씹을 추억거리 좀 만들었소!" 하고 외치는 멋진 책이다. 삶의 새로운 의미를 찾기 위해 여행을 준비하는 분들. 아버지와의 여행은 어떠신지?
어느 날 문득 매일 내 옆에 있는 아버지가 어떤 사람인지 궁금하다면 얼른 이 책을 집어 들고 짐을 챙기시라! 내 아버지의 다른 모습을 통해 삶 전체를 돌아볼 좋은 기회가 생길 것이다. 비록 그 길은 순탄치 않겠지만 그 끝은 아름다운 추억으로 남을 것이다.

금천문화재단 음향감독 **김하진**

아버지와의 따뜻한 여행길

아픈 고백을 하나 해야겠다. 최아름 작가의《어떻게 아빠랑 단둘이 여행을 가?》를 담담히 읽어 내려가던, 즉 아주 평범한 일상을 지내던 중에 공교롭게도 아버지와의 '영원한 이별'을 마주했다. 예기치 못한 일이었다. 이 무슨, 운명의 장난인가 싶었다. 한동안 혼이 쏙 빠졌다. 이미 나에겐 소용없어진 여행기는 그렇게 잊히는 듯했다. 하지만 마냥 슬퍼하고 후회에만 빠져있기란, 아버지가 되찾은 두 번째 생(生)에 대한 예의가 아니었다. 당신을 아름답게 이야기하는 적극적인 호명 의식이 필요했다. 그때 다시 이 책이 생각났다. 소소하지만 소소하지 않은 작가의 감정선을 따라 가니 아버지와의 따뜻한 여행길이 머릿속에 선명하게 펼쳐졌다. 함께 한 추억 속의 길이든, 꿈꿔온 상상 속의 길이든. 그저 독특한 여행 에피소드를 대리체험 해보자며 알량한 마음으로 시작했던 읽기가, 이제는 아버지를 그리며 아늑한 마음으로 끝맺는 읽기가 되었다.

아버지가 생각나는 날이면 언제든 이 책을 쥐고 보려 한다.

프리랜서 에디터 **신현정**

여행으로 위로 받고 싶은 가족이라면….

아빠와 딸의 같지만 다른 마음 속 감정 표현이 돋보인다. 우리는 가족이라는 울타리 안에서 함께 살아가지만, 여행이라는 새로운 공간 속에서 미처 깨닫지 못했던 서로의 모습과 생각들이 자연스럽게 드러난다. 미묘한 갈등과 오해, 기대와 실망이 여행을 통해서 하나씩 해결되고, 치유된다. 역시 여행은 일단 떠나면 된다, 그게 누구와 떠나는 여행이든지 간에.

덕수궁 소장 **오성환**

자녀와 함께 여행하고 싶은 사람들에게

"먼저 주고, 조건 없이 주고, 더 많이 주고, 그리고 모두 잊어버려라."

꽃비 내리는 봄날! 이 작품을 읽고 난 소감이다. 작가의 진면목이 진솔하게 녹아내려 아빠의 가슴을 치유하는 놀라운 에세이다. 서정성과 담백한 감정이 여행을 통해서 아빠의 마음을 흠뻑 적신다. 자녀와 함께 여행하고 싶은 사람들에게 정중히 권하고 싶다.

원광여자고등학교 국어과 퇴직교사 **김병토**

prologue

여행에서 마주한 아빠는
내가 생각한
사람이 아니었다

노을이 지는 하늘을 볼 때면 문득 떠오르는 순간이 있다. 아빠와 단둘이 여행한 여름, 체코에서 슬로베니아로 이동하려고 공항 가는 버스를 타고 달리던 그때. 아빠와 한바탕 감정싸움을 하고 난 후라 어떻게 풀어야 하나 고민하던 차, 아빠가 창밖을 바라보며 이 말을 내뱉었다.

"오늘이 할머니 생신이야."

우리의 여행이 시작된 이유! 할머니의 죽음을 애도하는 마음이 아직 가시기 전이었기에 그 순간 하늘을 가득 채우던 노을빛이 유난히도 슬프게 다가왔다.

“어떻게 아빠랑 여행을 해요?”

아빠랑 여행을 준비할 때도, 여행하는 중에도, 여행을 다녀온 후에도 사람들을 만나 여행 이야기를 나눌 때면 어김없이 나오는 질문이었다. 엄마와 아빠를 함께 모시고 가는 여행, 엄마와 딸의 여행, 아빠와 어린 딸의 여행 이야기는 제법 들었는데, 아빠와 다 큰 딸 단둘이 여행한 이야기는 흔치 않기 때문이다. 사람들에게 이 여행은 크나큰 마음가짐이 없이는 쉽게 도전할 수 없는 일처럼 느껴졌나 보다. 어쩌면 누군가에겐 감히 상상할 수 없는, 말도 안 되는 그림일지도. 흔치 않다는 것은 그럴 수밖에 없는 이유가 분명 있을 테니까.

나도 처음엔 같은 생각을 했다. “아빠랑 여행하는 게 가능해?!” “아빠랑 싸우지 않고 잘 다닐 수 있을까?” “서로 불편하지 않을까?” “괜히 여행 갔다 와서 서로 감정 상하는 거 아닌가?” “내가 잘할 수 있을까?” 등등. 여행 전부터 수없이 많은 질문이 나를 괴롭혔다. 그런데도 우리는 함께 여행을 떠났다.

이 책은 많은 사람들이 나에게 던진 질문에 대한 답변이다. 아빠와 딸이 여행을 통해 서로를 알아가는 과정, 함께인 게 서툴렀던 시간을 지나 조금씩 가까워지는 시간으로의 변화, 무뚝뚝하고 감정 표현에 인색한 부녀가 직접 전하지 못한 속마음 등이 담겨있다. 환갑인 아빠와 삼십 대에 접어든 딸이 어떻게 함께 여행했는지 궁금하다면, 아빠와 함께하는 여행을 계획하는 딸 또는 딸과 여행을 꿈꾸는 아빠라면 이 책을 펼쳐봐 주셨으면 좋겠다. 어쩌면 독자들이 그동안 깨닫지 못하고 지나치기만 했던 아빠와 딸의 모습을 발견할지도 모르니까.

여행으로 내가 몰랐던 아빠와 만나보세요

특히 이 여행기에는 오랫동안 아빠를 '아빠'로만 바라보았던 시선에 대한 반성이 녹아있다. 내가 나이 든 것은 생각도 못 하고, 아빠는 여전히 젊고 멋있으며, 언제나 든든하게 나를 보살펴주는 사람인 줄 알았다. 하지만 여행에서 마주한 아빠는 내가 생각한 사람이 아니었다. 언제 이렇게 시간이 흘렀는지 아빠는 어느새 나이가 들어 있었고, 나 역시 아빠의 보살핌 없이도 혼자 일어설 나이가 되어 있었다. 그래서였을까? 여행하다 보니 우리의 역할은 자연스레 바뀌었다. 그 과정에서 아빠와 나는 그동안 서로가 몰랐던 모습을 발견하며 놀라고, 당황하고, 갈등하며 울기도 했고, 알 수 없는 이유로 그냥 웃기도 했다. 여행은 서로를 이해하고 받아들이는 과정의 연속이었다.

모든 것이 절대 쉽지 않았다. 아빠와 단둘이 여행을 떠나기로 마음먹고 18일간 유럽여행을 하기까지, 다녀오고 나서 여행 후기를 정리하고, 출판사를 만나 이 책이 나오기까지도. 참으로 오랜 시간이 걸렸다. 아빠는 전 과정을 끝까지 포기하지 않고 딸과 함께해주셨다. 한 번도 글쓰기를 제대로 배운 적 없지만 몇 날 며칠을 고민하며 여행 후기를 적어준 아빠. 쉽지 않았을 텐데 언제나 그렇듯 딸을 믿고 지지해준 아빠.

"아빠, 말하지 않아도 딸래미 맘 알죠?!"

성인이라면 한 번쯤 아빠와 여행을 떠날 필요가 있다

지나간 시간은 다시 돌아오지 않는다. 어쩌면 우리가 무심히 흘려보내는 이 찰나에 누군가는 아픈 이별을 한 후 시간을 되돌릴 수 없어서 슬퍼하고 있을지도 모른다. 이별은 예고 없이 찾아온다. '조금 더 나중에'를 이야기하다 뒤를 돌아볼 땐 이미 늦을지도 모른다. 우리가 함께할 시간은 생각보다 길지 않다. 아빠와의 여행은 물질적이고 가시적인 풍족함을 느끼게 하진 않았다. 하지만 서로를 이해하며 가까워져 가는 과정에서 그동안 애써 외면했거나 알려고도 하지 않았던 내면의 '무엇'을 느끼게 했다. 그 '무엇'은 사람마다 다르겠지만, 값으로는 따질 수 없고 시간이 지날수록 더 빛나는 소중한 것임은 분명하다. 독자들도 이 책을 통해 나와 아빠가 여행을 통해 느낀 감정과 추억들을 공유할 수 있었으면 좋겠다.

이 세상 많은 아빠와 딸들이 함께 여행을 떠날 수 있는 용기를 가지길 바라며. 여행을 떠날 예정인 아빠와 딸들의 여행길을 응원해본다.

마지막으로 아빠와 딸의 여행을 적극적으로 지원해준 내 사랑하는 가족들과 재미난 추억거리를 함께 만들어준 사랑하는 아빠에게 감사의 말을 전한다.

C o n t e n t s

C o n t e n t s

Part1.

생각지도 못한
순간에 시작된
아빠와의
여행

아빠와 떠나는 여행의 조건

1

애도와 치유의 시간이 필요해!

그날은 유난히 잠이 오지 않았다. 새벽의 적막함 속으로 시계의 분침과 초침이 느리면서도 빠르게 흘렀고, 갑자기 깨져버린 화분이 괜히 신경 쓰였다. 할머니 병실에 가셔서 아직 돌아오지 않는 아빠가 기다려졌다.

"띠리링, 띠리링!"

적막을 깨고 휴대폰도 아닌 집 전화가 울렸다. 순간 불안해졌다. '설마, 아니겠지?' 나를 비웃듯 불길한 예감은 적중했다. 전화를 받은 엄마가 빨리 병원 갈 준비를 하라고 했다.

"아무래도 마음의 준비를 하는 게 좋겠어."

할머니께서 넘어져서 병원에서 수술받은 후 호전되어 퇴원하신다더니, 갑자기 안 좋아져서 중환자실에 입원하셨다. 그런데 이제는 마음의 준비를 하란다. 이 모든 일이 몇 주 사이에 일어났기 때문에 실감이 나지 않았다. 막 입원하실 때만 해도 시집 안 가냐고 잔소리하셨고, 수술 후엔 전화로 무뚝뚝한 손녀에게 "고맙다, 아름아."라고 말씀해주셨는데. 할머니께서 처음으로 고맙다고 하셨는데 난 왜 아무 말도 못했던 걸까? 그 짧은 통화는 할머니와의 마지막 대화가 되어버렸다. 병원에서 마주한 할머니는 온갖 호스에 의지한 채 눈을 감고 누워계셨다. 할머니 손을 꼭 잡아드리는 것 말고 우리가 할 수 있는 일은 아무것도 없었다.

다행히 임종은 지킬 수 있었지만, 할머니의 마지막은 얼음장처럼 차갑고 아렸다.

장례를 치르는 내내 하염없이 눈물이 흘렀다. 밖에 내리는 하얀 눈이 빗물처럼 보일 만큼. 반면 아빠는 할머니가 돌아가신 후부터 장례식 준비하랴 상주로서 조문객 맞을 준비하랴 정신이 없었다. 그때까지만 해도 난 내 감정 돌보느라, 아빠까지 신경 쓸 겨를이 없었다. 그러다가 가족들이 모인 자리에서 염을 하는데, 모두 오열하는 순간에도 제대로 울지 못하는 아빠를 발견했다. 눈가엔 눈물이 그렁그렁한데, 왜 소리 내어 울지 못하고 자꾸 뒤돌아서 눈물을 훔치시는 걸까? 할머니의 마지막 가시는 길에 우리는 다 어린아이처럼 소리 내어 울었다. 그런데 아빠는 여전히 아들이자 한 집안의 가장이라는 무게를 짊어지고 있었다. 무겁고 고된 짐이 짓누르는 듯, 아빠의 등과 어깨는 축 처져 있었다.

그때 알았다. 아빠는 슬퍼도 슬퍼할 수 없다는 것을. 어머니를 다시 볼 수 없는데도 슬픔을 마음껏 표현할 수 없는 사람이라는 것을. 그저 소리 없이 흐느끼기만 하는 아들이자 가장으로서 평생을 살아왔다는 것을. 그런 아빠의 모습이 할머니의 죽음보다도 더 슬퍼져서 눈물을 펑펑 쏟아내고 말았다. 아빠가 할머니와 겹쳐 보여 자꾸 눈물이 났다. 아빠는 내 마음속 변치 않는 '영웅'인 줄 알았는데 언제 흰머리를 염색해야만 하는 나이가 되신 걸까?

할머니를 멀리 떠나보내고 나서 맞이한 하루는 여느 때와 다를 바 없었다. 모두가 언제 그런 일이 있었나 싶을 만큼 제 역할을 잘 해나갔다. 아니, 그런 줄 알았다. 그러던 어느 날 문득 바라본 아빠가 전보다 무기력해 보였다. 그 사이 아빠에게 무슨 변화가

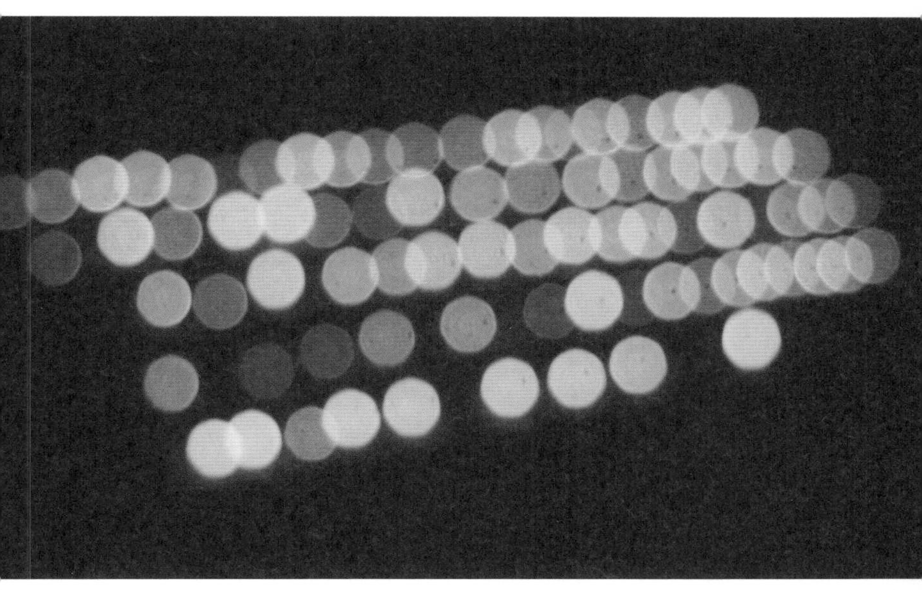

할머니가 돌아가신 후 나만의 방식으로 애도하고 치유하는 시간을 갖고 싶었다

일어난 걸까? 나이가 들면 헤어짐과 죽음에 더 익숙해질 법도 한데, 할머니와의 이별이 쉽지 않았나 보다. 평소처럼 조용하게 아무렇지 않은 듯 지내는 아빠에게서 풍기는 분위기가 분명 달라졌다. 나 또한 겉으로는 멀쩡하게 살지만, 술을 마시거나 혼자 남겨지면 알 수 없는 슬픔으로 주체할 수 없는 늪에 빠지고 말았다. 처음으로 가족의 죽음을 직접 목격하고 고인을 떠나보내는 의식은 알게 모르게 상처고 충격이었다. 아빠는 오죽하실까? 말할 수 없이 아플 것이다. 사랑하는 사람을 잃어서, 그런데도 맘껏 슬퍼할 수 없어서, 목청껏 '어머니'라 소리 지르며 떠나보낼 수 없어서,

그리고 더는 그 사람을 마주할 수 없어서.

아빠 마음속에 영원한 '어린 공주'로 남을 줄 알았던 나는 어느덧 시집가도 될 만큼 자랐다. 어릴 땐 빨리 어른이 되고 싶었는데, 막상 되고 나니 개뿔 아무것도 없다. 세월이 흐를수록 약해지는 체력과 늘어나는 주름이 신경 쓰이고, 책임질 일과 해야 할 일이 늘어나 삶이 고달플 뿐이다. 시간을 멈추는, 아니 그냥 조금 늦추는 능력이라도 있다면, 아빠와 딸 모두 서로에게 '가장 멋지고, 가장 예쁜' 그 시절로 남고 싶었다. "우리 아빠 진짜 잘생겼어."라며 자랑하고 다니던 내 어릴 적의 젊은 아빠와 "우리 딸이 제일 예뻐."라며 아빠가 업어 키우던 어린 시절의 나.
아빠에게서 어느덧 세월의 자취가 드러난다. 아빠는 할머니가 돌아가신 후 급격히 늙어버리셨다(내가 자란 만큼 아빠도 나이 들었다는 사실을 이제야 인지한 건지도 모른다). 나는 알 수 없는 감정의 늪에서 조금씩 빠져나와 다시금 일상으로 돌아오고 있었지만, 완전히 회복하기는 어려웠다. 나만의 방식으로 애도와 치유의 시간을 가져야만 벗어날 수 있을 것 같았다. '혼자 여행이나 다녀오자! 갔다 오면 괜찮아질지도 몰라.' 하지만 내 계획은 엄마의 갑작스러운 제안으로 물거품이 되었다.
"아빠랑 같이 다녀오는 거 어때?"
"제가요? 엄마, 아빠 두 분 같이 가시는 게 아니고요?"
처음에는 농담인 줄 알았다.
"올해 환갑이시잖아. 아빠가 티는 안 내도 할머니 돌아가시고 난 후로 영 기운이 없고 무기력해서 예전 같지 않아. 아빠에게도 치유의 시간이 필요한가 봐."
동생들도 어차피 갈 거, 이번엔 아빠랑 다녀오라며 엄마 말에 적극적으로 동조했다.
"니들 일 아니라고, 그렇게 쉽게 말하는 거지? 엄마도 아니고 아빠랑 여행을 가라고?"
엄마와 아빠, 아빠와 아들, 아니면 엄마와 딸이 아니라 아빠와 딸의 여행이라니, 묘한 조합이었다. 다 큰 딸과 아빠가 유럽으로 함께 떠난다니 어떤 여행이 될지 그림이 잘 그려지지 않았다. 여행 내내 아침에 눈 뜨고, 밤에 눈 감을 때까지 매일 아빠랑 붙어 있는다? 고개가 절레절레 저어졌다. '내가 꿈꾼 여행은 이런 게 아닌데…. 아빠와 단둘이 여행가는 건 한 번도 생각해본 적 없는데! 말도 안 돼.'
그런데도 아빠와 가기로 결심했다. 망설임이 없었다면 거짓말이다. 몇 날 며칠을 고민했다. 축 처진 아빠의 등에서 고독과 슬픔을 느끼지 않았다면, 난 이 여행을 외면했을지도 모른다. 아빠에게서 느껴지는 외롭고 쓸쓸한 기운이 이상하리만큼 마음을 약해지게 했다. '그래, 어쩌면 아빠에게도 힐링 타임이 필요할지 몰라.' 결국 엄마와 동생들을 향해 외쳤다.
"아빠랑 같이 유럽 다녀올게요! 그게 뭐 별 거라고. 아빠! 우리 여행갑시다!"

아빠와 딸을 소개합니다

최아름

여행 당시 30대에 진입하며 어설픈 방황과 소소한 반항을 꿈꾸던 여자. 평생 해본 적 없는 부분 탈색과 염색을 강행하고 아빠와 여행을 떠나다. 체코어를 전공해서 20대 초반부터 유럽을 오가며 자유여행에 눈을 떴다. 학창시절부터 자유로운 영혼이 되고 싶었으나, 현실은 언제나 책상에 앉아 무언가를 해야만 했다. 그 덕에 글도 쓰고, 가방끈도 제법 길어졌지만, 자유로움과 안정 사이에서 여전히 고민하며 살아간다.
세상엔 왜 그리 못 해본 것, 신기한 것이 많은지. 넘치는 호기심으로 언제나 하고 싶은 새로운 것이 많아 몸과 마음이 바쁘다. 맨땅에 무수히 헤딩하고 실패도 많이 하지만, 배움이 있는 삶은 그녀를 성장시키는 원동력. 조용하지만, 소리 없이 강하다. 무언가에 꽂히면 직진 모드로 변하는 저돌적인 성격이지만 아빠를 닮아 감수성이 풍부한 덕에 소녀 같은 면도 있다(자꾸 나이를 까먹으려 한다). 문화콘텐츠 전공자로서 여전히 자신만의 콘텐츠를 만드는 것에 대한 지독한 갈망이 있다. 나이가 들수록 따뜻한 사람이 되고 싶다는 소망도.

최상권

평생 일과 가족만 알고 살아온 평범한 가장. 여행 당시 환갑을 맞이하다. 이젠 쉬고 싶다는 생각도 들지만 한평생 몸에 밴 생활양식은 쉽게 바뀌지 않는 법. 비가 오나 눈이 오나 평생을 의료기기업에 종사해왔다. 딸과 떠나는 게 첫 유럽여행이자, 첫 자유여행이다. 모임에서 가는 패키지여행이나 출장이 아닌 이상 해외에 나갈 일은 별로 없었다.
여행보다는 집에서 텔레비전을 보는 것이 더 즐거운 사람. 드라마와 사극을 즐겨보는데 슬픈 장면에서는 가족 몰래 눈물을 훔칠 만큼 감수성이 풍부하다. 우리나라 역사에 관심이 많아서 역사유적지에 가면 어느새 학생이나 가이드 모드로 전환된다. 평소엔 과묵하지만, 기분이 좋으면 노래방 마이크를 손에서 놓지 않을 정도로 흥이 넘친다. 엄마 잔소리에 못 이겨 집안일도 잘 도와주는 (엄마의 성에는 차지 않지만) 남편이자, 자식들에게 다정한 사람이 되려고 애써온 아빠.

가장 필요한 건 마음의 준비일까?

"아빠와 여행을 간다고? 진짜야?" "왜 아빠랑 단둘이 가는데?" 아빠와 유럽여행을 간다고 하자 주변의 반응은 대부분 이랬다.

내가 예상한 것보다 훨씬 의아하게 여겼다.
"아빠랑 그렇게 친해?" "아빠랑 단둘이 여행하는 게 가능해? 다 큰 딸이?" "너희 엄마는?! 엄마는 왜 같이 안 가셔?" "아빠가 여행을 좋아하셔?!" "아니, 여자친구나 남자친구도 아니고, 아빠랑 무슨 재미로?" "야, 너 아빠랑 3주나 계속 붙어 다니면서 여행할 수 있겠어?" "아빠랑 여행하면 숙소 잡기도 번거롭고, 하고 싶은 것도 자유롭게 못할 텐데 불편하지 않을까?"

누구 하나 선선히 "그래, 아빠랑 좋은 추억 많이 만들고 잘 다녀와!"라고 말해주는 사람이 없었다. 모두 걱정 어린 시선으로 나를 보았고, 위로하기까지 했다. 심지어 아빠랑 같이 여행가라고 내 등을 떠밀던 가족들마저 여행 준비가 진행될수록 걱정했다.
"둘 중 하나야. 아빠랑 사이가 아주 좋아지거나 나빠지거나."
"잘 모시고 다녀야 해, 너 젊다고 그냥 막 다니면 아빠 쓰러지신다."
"아빠랑 꼭 붙어 다녀! 아빠 국제미아 되면 안 되니까."

가족들의 한 마디 한 마디가 점점 부담스러워졌다. '아빠를 잘 모시고 다녀야 한다.'는 막중한 책임감이 내 어깨를 짓눌렀다. 여행을 시작하기도 전인데 무거운 짐에 지쳐버린 느낌. 어지간히 여행을 좋아하는 나지만 자유여행을 해보지 않은 아빠와의 배낭여행은 절대 쉽지 않은 일이었다. 하나에서 열까지 여행 준비는 모두 내 몫.
신경 쓸 게 한둘이 아니었다. '여행은 절대 계획대로 되지 않으니 큰 그림만 그리면 된다.'는 내 지론이 무색할 만큼 루트, 교통, 숙소,

식사 등 모든 계획을 아빠에게 맞춰 세세하게 짜고, 혹시 생길 변수까지 철두철미하게 따져야 했다.
관광지는 나중에 사람들에게 사진을 보여주면 누구나 '아, 그곳!'이라고 할 만한 명소를 골라야 한다. 많이 걷지 않게 루트를 최소화하고 이동하는 데 오래 걸리지 않게 해야 한다. 숙소는 관광지에서 멀지 않고 침대는 두 개인 곳으로 잡는다. 식사는 한식이 생각나지 않을 만큼 맛있거나 아빠 입맛에 맞아야 한다 등등.
"아빠, 여긴 어때요? 이건 어떨까요, 괜찮을까요? 여긴 이게 낫고, 저긴 이게 좀 더 좋고…."
'아빠가 어떤 곳을 좋아하실까?' 아빠의 취향을 잘 안다고 자신했는데 여행 준비를 해보니 정작 아는 게 거의 없었다.
돌이켜 보니 줄곧 가족의 울타리 안에서 지내며 그들에게 나를 알아달라고 외치기만 했지 나는 가족에 대해 자세히 알려고 하지 않았다.
'부모님께 이렇게 무심했단 걸 바보같이 이제야 깨닫다니. 친한 친구라면 이렇게 모르지 않을 텐데.' 충격이었다. 아빠와는 나름 친하다고 생각했는데, 나만의 착각이었다.

그 후 여행 준비로 아빠에게 연락하는 일이 많아졌다.
"딸! 웬일이야, 이 시간에 아빠한테 전화를 다 하고? 엄마 전화 안 받아?"
"엄마 찾는 거 아닌데요?"
"그래? 그럼 무슨 일인데? 아빠한테는 전화 잘 안 하잖아."

"잘 안 하긴요…. 아빠한테도 전화하잖아요…."
"아빠한테는 가끔 하잖아…."
아빠는 내가 엄마한테만 자주 연락해서 그동안 섭섭하셨나 보다.
"아니, 여행 준비하는데 아빠 의견 들어보려고 전화했어요."
"응, 아빠는 잘 모르니까 네가 알아서 해. 아빠는 괜찮으니까."
아빠의 반응은 늘 한결같았다. 우리의 통화는 절대 길지 않았다.

아빠, 갈 수 있을 때 길게!

여행 준비를 본격적으로 하며 막연하던 계획을 하나씩 구체화했다. 일주일 이내로 잡았던 일정은 3주 가까이 늘어났다.
"18일이나 가능하겠어? 힘들지 않을까?"
가족 모두 고개를 갸우뚱했다. 그도 그럴 게 아빠는 유럽이 처음이고 길게 여행을 해본 적도 없다. 3주나 되는 기간을 낯선 환경에서 새로운 경험을 하며 잘 지내실 수 있을지 미지수였다. 게다가 회사에서 자리를 오래 비우는 것에도 불안해하셨다. 제대로 된 휴가 한 번 없이 몇십 년을 일해 온 아빠에게 '일'은 떼어낼 수 없는 신체의 일부 같았다. 경기가 좋든 나쁘든, 건강이 좋든 나쁘든, 집에 무슨 일이 생기든 아빠는 일하러 나가셨다.
"일 생각은 이제 그만하세요. 18일 동안 아빠 없다고 회사가 어떻게 되겠어요?"
"그야 모르지…."
일을 쉬고 싶다면서도 정작 휴가 18일 내는 데도 주저하셨다.
하지만 기간을 늘리는 게 좋다는 내 생각에는 변함이 없었다.

1. 어차피 떠나는 거, 갈 수 있을 때 길게 다녀오자!
언제 다시 이런 긴 휴가를 낼 수 있을지 모른다.
2. 맘먹고 가는 건데 한 나라만 가기는 아쉽다.
아빠는 유럽여행이 처음이다. 몇 나라 더 돌아볼 필요가 있다.
3. 가족 모두 적극적으로 지원해줄 때 가라!
아빠 환갑기념 여행을 보내드리려고 가족이 십시일반 오래전부터 모은 돈으로 가는 것이다.
4. 그동안 못한 효녀 노릇할 유일한 기회가 될지도 모른다.
지금이 아빠와 단둘이 떠나는 첫 여행이자 마지막 여행일지도 모른다. 사람의 인생은 한 치 앞도 내다볼 수 없으니까.
5. 기간을 3주는 잡아야 비행기 표값이 싸다.
기간이 짧은 것보다 이벤트 가격으로 3주는 다녀오는 게 비행기 표값도 더 저렴하다.
등등.

나는 그래야만 하는 이유를 있는 대로 다 나열하며 온 힘을 다해 설득했다.
"그래요, 언제 또 갈지도 모르는데 길게 다녀와요. 내가 당신 휴가 줄게요."

엄마가 결단을 내리셨다.

"혹시라도 내가 없는 동안 회사에 무슨 일이라도 생기면…?"

"그렇게 치면 어딜 가겠어요? 평생 일만 해야지. 일은 나한테 맡기고 다녀와요."

"네, 엄마! 제가 잘 모시고 다닐게요."

엄마의 결단은 곧 아빠의 결정이었다. 아빠는 엄마한테 반박하지 못했다. 대신 최대한 주말을 낀 일정으로 잡고 경비는 지금 가진 한도 내에서 알차게 사용하기로 했다. 기간이 길어진 만큼 고려해야 할 것도, 챙겨야 할 것도 더 많아져서 며칠 사이 내 볼은 홀쭉해졌다. 다이어트에는 마음고생이 최고라더니. '아…. 내가 괜한 짓을 한 건가…? 나 여행 가는 거 맞지?'

여행을 떠나기도 전에 지치는 기분.

체코, 슬로베니아, 이탈리아

드디어! 체코 항공으로 항공권을 결제했다. 이제 빼도 박도 못 한다. 혼자 가는 여행이면 몇 번 경유하더라도 싼 게 장땡이지만, 엄마는 아빠를 위해 무조건 '직행'으로 가라고 하셨다. 결국 항공사 홈페이지를 며칠 간 드나든 끝에 저렴하게 나온 직행 티켓을 손에 넣었다. 인 앤 아웃 : 체코 프라하.

체코는 나에게 뜻깊은 나라다. 여행, 학업, 일로 한때 머무른 나라 가운데 가장 정이 가고 평온했다. 체코의 수도 프라하는 제2의 고향으로 느낄 만큼 사랑하는 도시다. 학창시절 우연히 마주한 프라하 사진과 기사를 보고 반해서 전공을 체코·슬로바키아어로 정한 나는 2005년에 프라하를 처음 방문했다. 프라하의 전경은 상상한 것보다 더 아름다웠다. 이런 도시라면 평생을 살 수 있겠다는 생각에 프라하를 떠나기 전에 카렐교 얀 네포무츠키 동상 앞에서 다시 오게 해달라고 소원을 빌었다. 정확히 1년이 지나 학교 프로그램을 통해 공부하러 프라하에 다시 돌아왔다. 공부가 끝나 귀국한 후에 외교통상부 해외 인턴 프로그램을 통해 주 체코 대한민국 대사관 인턴으로 다시 한 번 프라하를 방문했다. 프라하에서 공부하고 일하는 동안 많은 사람을 만났고, 많은 것을 경험했다. 세상은 내 생각보다 더 넓고, 신기한 것들로 가득했다. 한국과 다른 새로운 나라에서 나는 감긴 눈을 뜨고, 굳게 닫았던 마음의 문을 열었다. 타국 생활이 때론 힘들어도 견딜 만했다. 꿈과 희망으로 가득했던 그때의 나는 어리고 풋풋했으며, 당차고 무모하다고 할 만큼 거침이 없었으니까. 학창 시절 간절히 바라던 꿈이 이루어지는 마법 같은 일을 겪으며, 인생에서 가장 행복하고 빛나는 청춘의 한 장을 다양한 이야기로 채울 수 있었다. 울고 웃으며 보낸 그 시간이 있기에 지금의 내가 있다. 그 시간이 내 인생에 없다면, 나는 지금 무엇을 하며 어떻게 살고 있을까. 프라하에서 보낸 시간은 인생을 통틀어 나에게 가장 많은 변화를

체코 프라하의 콜레노 맛집 우 플레쿠
이탈리아 베네치아의 풍경

이끈 소중한 시간이었다.
2010년 한국에 돌아와서는 한동안 대학 졸업과 직장생활, 대학원 공부까지 병행하면서 프라하에 갈 생각은 꿈도 못 꿨다. 늘 그리워만 하다 프라하 가이드북을 만들면서 다시 방문했다. 프라하는 여전했다. 하루가 멀다고 변하는 한국과 달리 예나 지금이나 크게 다르지 않았다. 경관은 조금 세련되게 바뀐 것도 같았지만, 내 그리운 추억들은 빛 바랜 채 그곳에 놓여 있었다.
첫 여행지로 프라하를 택한 것은 내게 소중했던 시간을 아빠에게 보여주고 싶어서다. 내 행복한 20대 시절의 추억을. 그동안 "프라하, 프라하" 하고 노래를 불러도 아빠는 왜 좋아하는지 모르겠다는 표정만 지으셨다. 그래서 체코만큼은 아빠에게 직접 가이드하고 싶은 마음. 의지 충만 최아름 가이드! 다른 사람들에게는 그렇게 체코, 특히 프라하를 소개해왔는데, 아빠에게는 한 번도 제대로 소개해드린 적이 없었다. 내가 그곳에서 얼마나 열심히 생활하고 많은 것을 배웠는지 자랑스럽게 보여드리고 싶었다. 내 선택을 지지해준 아빠에게 최소한의 보답으로, 적어도 '내가 우리 딸 믿어주길 잘했구나.'라고 생각하실 수 있게 말이다.
"아빠, 제가 프라하에 VIP로 모시겠습니다."
체코는 비행기표와 함께 정해졌는데, 또 어느 나라에 가야 할까? 아빠에게 "어디 가고 싶은 곳 있으세요?"라고 물으면 언제나 "딸이 알아서 해."라고 말씀하셨다. 내가 아빠를 배려하려고 할수록 아빠는 나를 더 배려했다. 배려만큼은 아빠를 당해낼 수 없었다. 고민 끝에 여행지의 조건 중 10가지를 추려내 여행지를 선정하였다.

1. 이동이 어렵지 않은 곳
2. 힐링할 수 있는 곳
3. 특색 있는 곳
4. 나도 아빠도 한 번도 방문해보지 않은 곳
5. 딱 그해에만 하는 행사가 있는 곳
6. 바다가 있는 곳
7. 한국인이 상대적으로 적은 곳
8. 자연경관이 멋있는 곳
9. 상대적으로 예산이 덜 드는 곳
10. 아빠가 가고 싶은 곳(없으면 내가 가고 싶은 곳)

그 결과 체코 외에 우리가 여행할 국가는 슬로베니아, 이탈리아로 정해졌다.
아직은 우리나라 사람들에게 조금 낯선 나라, 슬로베니아는 여행 자료가 많지 않아 호기심을 불러일으켰다. 알아본 바로는 사람들로 붐비지 않고 아름다우며 자연경관이 멋진 곳이었다. 어쩌면 처음 방문하는 낯선 나라에서 서로 생각지 못한 모습을 발견할 수도 있다.
이탈리아는 유럽여행인데 한 군데는 남들이 다 알 만한 데도 가야지 싶어 선택했다. 아빠가 친구분들께 자랑하려면 말이다. 부지런히 검색해서 슬로베니아 피란에서 베네치아로 이동하는 경로를 찾았다. 밀라노에서 EXPO Milano 2015가 열리니 거길

들러도 좋겠다는 글도 봤다. 엑스포라니 우리 여행을 기념하는 이벤트로 상징성이 있을지도 모른다. 못다 한 세계여행을 간접 체험할 수 있을지도.
'좋다. 그럼 물의 도시로서 특색 있는 베네치아와 엑스포가 열리는 밀라노로 가자!'

그 어느 때보다 잠잘 곳이 중요한 여행

기간도 정하고, 항공권도 샀고, 여행할 나라도 정하고, 루트도 대략 정해졌다. 그런데 숙소는 어쩌지? 여행을 준비하며 가장 고민한 게 바로 숙소다.
20대 초반만 해도 내게 숙소는 그저 잠만 자는 곳이었다. 그래서 공용이라도 저렴하면 그만이라는 생각에 호스텔을 자주 이용했다. 그런데 시간이 흐를수록 잠은 편안한 곳에서 자야 몸이 편하고 여행도 편하다는 생각이 들었다. 여행 노하우도 쌓여서 저렴한 호텔이나 독립된 공간이 보장되고 현지인과 소통도 가능한 렌트하우스를 선호하게 되었다. 이번에도 몇 번은 렌트하우스를 이용하기로 했다. 숙소의 중요도가 높아진 만큼 선택하는 기준도 까다로워졌다. 거기다 아빠와 함께 간다. 아무리 가족이라도 다 큰 성인인 나에겐 독립적인 공간이 필요했다. 하지만 방이 두 개

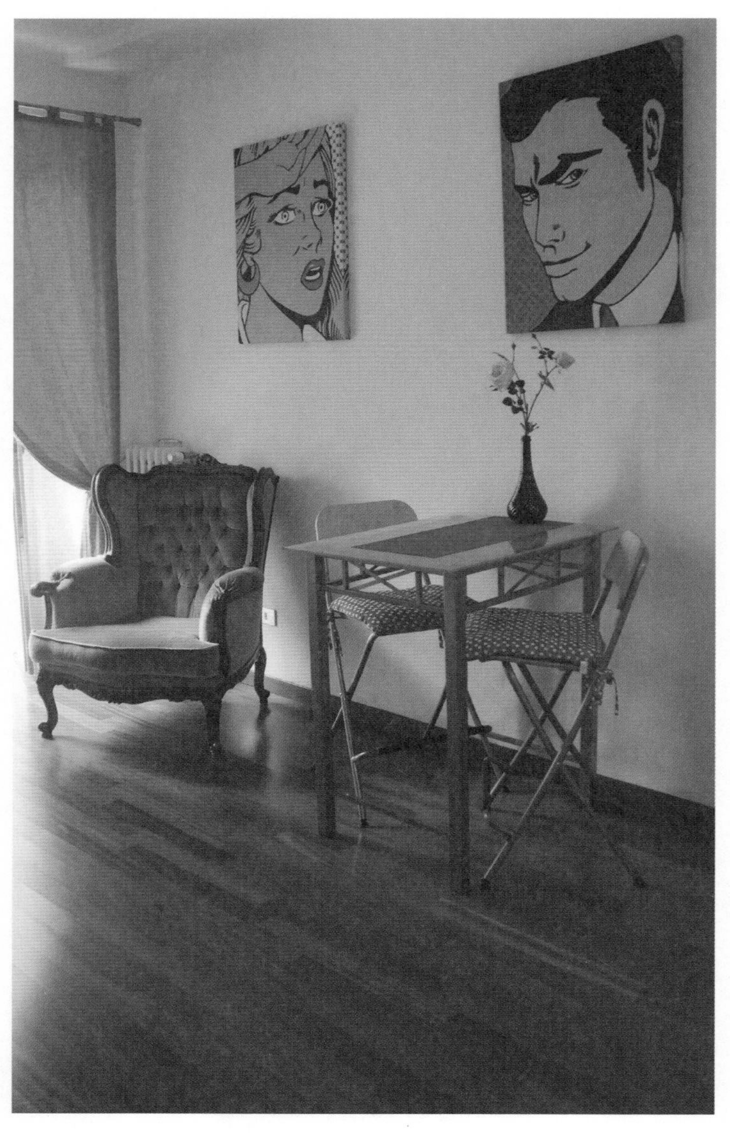

갤러리 같은 느낌을 준 이탈리아의 어느 숙소

이상인 숙소는 당연히 비싸고, 방을 따로 잡기는 부담스러웠다. 예산 내에서 최대한의 만족을 끌어낼 집을 찾아야 했다. 동선이 짧고 겹칠 수밖에 없는 좁은 곳보다 각자 사생활이 보장될 공간의 여유가 있는 집. 화장실이 불편하지 않고, 깔끔한 집. 가능하면 트윈 베드, 불가하면 둘이 자도 불편하지 않을 큰 사이즈의 침대. 소파가 있다면 금상첨화. 역이나 버스 정거장에서 멀지 않을 것. 친절하고 소통이 가능한 주인이 관리하는 집….

수많은 조건을 따지며 심사숙고한 끝에 숙소를 하나둘 결재했다. 이 정도면 가성비 좋은 숙소라고 자신하며, 엄마에게 자랑스럽게 보여주는데 전혀 예상치 못한 말을 들었다.

"여기서 밥은 줘? 너희 아빠는 삼시 세끼 밥을 드셔야 해! 밥심으로 사는 분이잖아! 아침을 드셔야 하루를 버티실 수 있어~"

띠로리. 밥이라니? 무슨 밥? 호텔도 아닌 숙소에서 밥을?! 이럴 수가!

렌트하우스는 대부분 '밥'이 제공되지 않는다. 나는 평소에 아침을 잘 먹지 않아서 음식을 만들 생각은 전혀 안 했다. 하지만 아빠는 매일 아침을 챙겨 드신다. 엄마 말씀대로 밥심으로 사는 분이다. 그렇다면 나는 매일 아침 아빠에게 아침 식사를 챙겨드려야 한다. 흰 쌀밥은 아니더라도, 최소한 빵과 샐러드 같은 음식으로. 그렇다. 전혀 생각지 못한 사실이었다. '하! 실수했구나.'

엄마와 내 대화를 조용히 들으시던 아빠는 갑자기 큰 목소리로 "밥, 해 먹으면 되지!"라고 말씀하셨다.

"누가요? 당신이요?"

"내가 밥하면 되지! 걱정하지 마!"

아빠 말에 엄마는 콧방귀를 뀌었다.

"밥을 해 먹겠단다…. 딸! 아빠 시켜!"

아빠는 가정적이지만, 혼자 밥을 차린 적은 거의 없었다.

한 번은 친구랑 이런 이야기를 나눈 적이 있다.

"나 좀 있다 들어가 봐야 해."

"왜? 오늘 같이 저녁 먹기로 했잖아?"

"엄마가 여행 가셔서 아빠 밥 차려드려야 해. 엄마가 밥, 국, 반찬을 다 해놓고 가셨거든. 그니까 냉장고에서 꺼내서 수저만 놓고 드시면 되잖아. 그런데 그걸 안 하셔."

"우리 집도 그래. 우리 아빠도 엄마 없으면 먹을 게 다 있는데도 우리가 챙겨드려야 해. 아니면 시켜 드셔. 그러면 엄마가 여행 갔다 와서 기껏 해놓은 음식 하나도 안 먹었다고, 우리한테 아빠 밥 안 차려드렸다고 야단치시지."

"아빠들은 대체 왜 그러시는 걸까?"

아빠가 그럴싸한 요리를 하는 걸 본 적이 없다. 아빠가 끓여준 라면과 계란프라이를 맛본 게 손에 꼽을 정도다. 그나마 명절날 함께 전을 부치고, 엄마의 지시에 재료를 손질하는 모습을 봐와서인지 그래도 우리 아빠는 동년배의 다른 아빠들과는 조금 다르다는 생각이 문득 들었다.

이미 결제까지 마친 숙소를 취소하고 싶은 마음도 들었지만 그 모든 과정을 반복하자니 머리가 지끈거렸다. '그까짓 거 내가 아침 차리지 뭐!' 조식이 없다는 걸 제외하고는 그보다 더 좋은 숙소는 없었다. 가격, 사진, 지도, 위치, 후기 등을 얼마나 꼼꼼히 보고 또

봤는데. '좋겠지, 좋을 거야. 누가 골랐는데…. 암 그렇고말고.'

아빠 모시고 무사히 다녀오겠습니다!

디데이가 밝아왔다. 수많은 고민으로 밤을 지새운 아빠와 나는 일일 짐꾼을 자처한 남동생과 리무진을 타고 인천국제공항으로 향했다. 그동안 몇 년은 늙어버린 기분이었다. 아빠와의 여행에서 준비할 것이 생각보다 많았다. 혼자 가는 게 아닌데, 모든 것을 혼자 고민하고, 선택하고, 준비하고, 실행해야 했다. 그것도 최소 2인분 이상으로.

아빠는 여행 전날까지 일하느라 정신이 없으셨다. 자리를 비우는 18일 동안 처리해야 할 업무를 미리 몰아서 하셨다. 아빠가 회사에 없으면 회사가 당장 멈추기라도 하는 것처럼. 여행 전에 무리하면 안 되는데, 체력 관리는 안 하고 오직 일 걱정뿐. "아빠, 인제 일은 그만 내려놓고 여행에도 관심 좀 가져주세요."라는 말이 목구멍 밖으로 튀어나올 뻔했다.

리무진 안에서 아빠의 표정은 복잡 미묘해 보였다. 아빠도 나와 비슷한 마음이었으리라. '딸과 단둘이 떠나는 이 여행을 잘 마칠 수 있을까?' 설렘보다 걱정과 불안이 더 크셨는지도 모른다. 반면 남동생은 얼굴에 미소가 가득했다. 예전에 나랑 같이 유럽여행을 다니며 고생한 경험이 있어서인지 우리의 여행기를 내심 기대하는 눈치였다. '설마 아빠도 나처럼 고생시키진 않겠지. 아냐, 누나라면 그럴 수 있어….'라는 검은 마음이 미소 너머로 느껴졌다.
'아, 몰라. 이제 그냥 가는 거야. 어떻게든 되겠지!'

공항에 도착해 짐을 내리고 나서야 여행 가는 걸 실감했다. 처음도 아닌데, 뭔가 낯선 기분! 마치 여행 직전 '이제부터 아빠는 큰딸이 책임지겠어요!'라고 큰 소리로 선서라도 해야 할 것 같았다.
"아빠, 이제 저를 잘 따라다니셔야 해요."라는 한마디에 아빠는 발 빠른 나를 바싹 쫓아오셨다. 우리가 탈 체코항공 여객기가 예정 시간보다 조금 일찍 도착해서인지 수속 중인 사람들이 많지 않았다. 짧은 대기와 빠른 수속에 기분 좋게 인사하고 수속대를 빠져나왔다.
그런데 뭔가 싸하다. '이 찝찝함은 대체 뭐지?' 내 촉은 가끔 무서울 만큼 정확했다. 혹시나 해서 내 손에 든 것들을 확인해보니 아니나 다를까 여권이 하나밖에 없었다.
"아빠! 지금 아빠 여권 갖고 계세요?"
"아니, 네가 다 했잖아. 여권 없는데…?"
"어? 저도 제 것만 갖고 있는데요?"
"잘 찾아봐."
아직 여행은 시작도 안 했는데, 벌써 사고라니! 방금 받은 여권이 내 손에 없는 게 말이 돼? 급한 마음에 수속대로 뛰어갔다.
"혹시 여권 하나 못 보셨어요? 여권이 없어졌어요. 혹시 저한테 안 돌려주셨나요?"

"아니요? 아까 드렸는데요…."
"여권이 하나만 있어요. 이상하다. 정말 없나요?"
"다시 잘 찾아봐."
가방을 뒤져도 아빠 여권이 나오지 않았다.
'별일 아니겠지.' 하는 표정으로 서 있던 아빠의 얼굴이 점점 굳어졌다.
'벌써 이러면 안 돼….'
그때였다.
"누나, 백팩 말고. 그 앞에 맨 가방도 찾아봤어?"
아뿔사! 그렇다. 내 가방은 두 개였다. 노트북과 사진기를 비롯한 잡동사니를 넣은 백팩과 중요한 서류와 현금을 넣은 가방.
"찾았다! 아빠 여권 여기 있어요!"
"죄송합니다. 여권 찾았네요…."
그 순간 밀려오는 부끄러움과 민망함. 나는 빠르게 아빠의 여권을 들고 수속대를 빠져나왔다. 한 번도 이런 실수를 한 적이 없는데, 이렇게 얼빠진 짓을 하다니! 일처리만큼은 꼼꼼하다고 정평이 난 나인데. 이건 내가 아니었다.
"누나, 이래서 아빠 모시고 다닐 수 있겠어? 아직 여행 시작도 안 했는데?"
우리의 걱정이 현실이 되어버린 그 순간. 나는 다짐하고 또 다짐했다. 여행 중에 이런 일이 다시는 절대 일어나지 않을 것이다.

걱정으로 충만한 우리 여행의 시작

바보 같은 실수를 뒤로하고, 떠나기 전에 한식을 먹었다. 우리 가족 초미의 관심사는 아빠가 '과연 유럽 음식을 매일 드실 수 있을까?'였다. 아빠는 평소에 양식을 거의 드시지 않았으니까.

"당신, 유럽까지 가서 한식 찾지 말고 현지 음식 많이 먹고 와요! 거기 맛있는 게 얼마나 많은데."

"걱정하지 마, 나도 먹을 수 있어!"

아빠는 엄마의 놀림에 언제나 '걱정 말라'고 큰소리치셨다. 하지만 하루이틀도 아니고 3주간 양식을 드시기는 아무래도 힘들 것 같았다. 그렇다고 유럽까지 가서 매일 한식만 찾을 수도 없고, 우리 숙소 중엔 한인 민박이 없으니 한식 먹을 기회가 더더욱 없었다.

"이게 마지막 한식이 될 수도 있어요. 배 안 고파도 많이 드세요!"

우리, 이 여행 잘 마칠 수 있을까?

음식을 깨끗이 비우고 나와 아빠는 남동생과 작별 인사를 나눴다.

"누나, 아빠 잘 모시고 다녀와. 아빠도 누나 따라서 잘 다니시고요. 건강히 돌아오세요."

"걱정하지 마, 잘 다녀올 거야!"
"그래, 잘 다녀오마!"
아빠와 나는 출국대로 향했다. 동생은 쉽사리 발걸음을 돌리지 못하고 우리가 보이지 않을 때까지 밖에 서 있었다. 동생이 더는 보이지 않자 단둘의 여행이라는 게 실감 났다.
"아빠, 이제 진짜 우리 여행 시작이네요. 한 번 제대로 해보자고요!"
"그래, 아빤 딸만 믿을게!"
아빠는 리무진에서도 안 주무시더니 비행기에서도 좀처럼 잠을 못 청하고 곧은 자세로 계속 앉아계셨다.
"안 졸리세요? 앞으로 11시간이나 가야 하니까 좀 주무세요."
"괜찮아, 여기 보니까 한국 영화 있네. 이거 다 보면 금방 도착하겠지."
비행기를 타자마자 긴장이 풀려서 졸린 나와 달리 아빠는 시종일관 무. 표. 정.
'설레신 걸까? 아님 긴장하신 건가? 아니야, 좋으시겠지? 그냥 지루하신 건가?'
도무지 알 수 없는 아빠 마음. 자다가 잠깐 깨서 보면, 아빠는 식사 시간 빼고는 영화만 보고 계셨다. 비행기에서 아빠와 여행의 세세한 일정을 함께 짜는 게 내 계획이었다. 하지만 '잠'이라는 불청객으로 11시간이나 되는 비행시간이 지나가버렸다. 그 긴 시간을 아빠와 무슨 이야기를 하나 고민한 게 무색하도록 별 이야기도 못하고 체코 프라하에 도착했다.
"프라하에 오신 것을 환영합니다!"

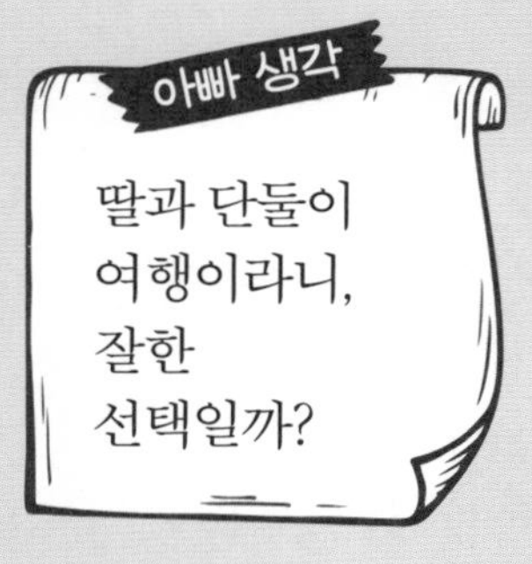

아빠 생각
딸과 단둘이
여행이라니,
잘한
선택일까?

"딸이랑 여행 간다고? 딸이랑 단둘이? 아내는? 딸이 같이 가겠대?"
친구들은 아내나 아들이 아니라 왜 딸과 여행을 가느냐며 의아해했다.
"보통 아빠는 아들하고 많이 가지 않나? 아들하고 가면 한 방에서 자기 편하고, 통하는 것도 많고, 비슷해서 별문제가 안 되는데, 딸은 아무래도 다르지. 다 큰 딸이랑 다니기가 어디 쉽겠나?" 하며 친구 녀석이 자기도 데려가라길래 말을 꺼냈다가 딸과 아내에게 한 소리 들었다. 듣자니 틀린 말이 하나도 없다.
'딸이 가이드도 아니고, 나 하나 데리고 다니기도 힘들 텐데. 남자 노인네 둘이나 데리고 다니려면 무슨 고생이겠어? 딸 생각을 너무 안 했네. 미안해, 딸!'
처음엔 걱정이 많았다. 나이가 들어 감정이 무뎌졌는지 좋은 걸 봐도 별 감흥이 없고, 여행지가 거기서 거기일 텐데 뭐 그리 멀리까지 가나 싶고, 맨날 가던 곳에 또 가는 익숙함과 편안함에 길들어 낯선 곳에 끌리지 않았다. 일도 오랫동안 쉬어본 적이 없어서 (딸은 그래봤자 18일이라지만) 그동안 회사에 문제가 생길까 봐 걱정스러웠다. 평생 해본 적 없는 배낭여행을 이 나이에 할 수 있을까 싶고, 친구들도 아닌 딸이랑 여행 가서 무슨 얘기를 나누며 어떻게 지내야 하나 여러 생각으로 머릿속이 복잡했다. 겉으로는 아무렇지 않은 척, '나도 잘할 수 있다!'라고 식구들에게 큰소리쳤지만, 속은 그렇지 않았다.
여행일은 다가오는데 처리해야 할 회사 일은 넘쳐났다. 내가 회사를 비우면 어떻게 돌아갈까 싶은 마음에 일을 몰아쳤다. 식구들은 체력

관리나 하라고 했지만, 여태껏 이렇게 길게 쉬어본 적이 있어야 말이지. 놀고먹는 것도 해본 사람이나 잘하지, 난 평생 일만 하고 살아서 취미생활 하나 마땅치 않고 쉬어도 텔레비전 시청 말고는 하는 게 거의 없다. 이런 내가 유럽 배낭여행이 웬 말인가? 배낭여행은 젊은이들이나 하는 거지, 내 나이에는 패키지여행인데…. 그것도 힘들다던데, 일주일도 아니고 18일이나? 게다가 얼마 전에 무리하다가 허리를 삐끗했다. 그 덕에 식구들의 걱정과 잔소리가 시작됐다. 이 정도는 괜찮다고 자신했는데, 여행이 코앞으로 다가오니 아픈 허리를 부여잡고 걸을 수 있을지 걱정이다.

'하필 여행 전에 허리를 다쳐가지고. 우리 딸도 아빠를 데리고 다니려면 힘들 텐데…. 여행 가서 딸 말 잘 듣는 폐 안 끼치는 아빠가 되어야지.'

여행일이 밝았다. 비행기가 이륙해서 프라하까지 가는 동안 잠을 청할 수 없었다. '우리의 여행, 어떤 그림이 그려질까? 잘 다녀올 수 있겠지?' 딸은 피곤한지 아주 잘 잔다. 첫 유럽여행을 큰딸과 단둘이, 배낭여행으로 가는 게 설레는 한편 두렵다. 아픈 허리도 신경 쓰이고.

'아름이는 무슨 생각을 했을까? 우리 딸도 나와 같은 생각일까?'

침착하자, 긴장하지 말고. 든든한 딸이 옆에 있으니, 딸만 믿고 다니자. 남들이 다 부러워한 여행인데, 딸과 멋지고 즐거운 추억 많이 만들고 와야지! 아…. 잠도 안 오고 프라하에 도착하려면 아직 몇 시간이나 남았는데, 남은 한국 영화나 열심히 봐야겠다.

조금만 기다려라. 프라하! 우리가 간다!

Part2.

아빠에게
보여주고 싶던
내 세상,
체코

GERMANY
POLAND
Neisse
Děčín
Liberec
Ústí nad Labem
Most
Trutnov
Mladá Boleslav
Karlovy Vary
Hradec Králové
Oder
Kladno
2
Cheb
Elbe
PRAGUE
1
Kolin
Pardubice
Opava
22
Plzeň
21
CZECH REPUBLIC
Ostrava
Český Těšín
Olomouc
Klatovy
Vltava
Tábor
Svartka
Jihlava
Strakenice
Brno
Zlín
GERMANY
České Budějovice
Morava
Znojmo
Dyje
Břeclav
SLOVAKIA
Danube
AUSTRIA
March
10
11
18
14
5
16
7
6
4
13
8
23
12
17
9
19
20
3
15

유럽 중부 내륙에 있는 나라. 주변국들의 침략과 억압, 이념 갈등 속에서도 자국의 전통과 문화, 역사와 예술을 잘 지켜냈다. 프란츠 카프카, 드보르자크, 스메타나, 바츨라프 하벨, 밀란 쿤데라, 이르지 멘젤, 밀로시 포르만, 알폰스 무하 등 세계적인 문화예술인을 수없이 배출해낸 나라이다.

체코 주요 여행 장소

1 프라하(Praha): 체코를 대표하는 경제·정치·문화·역사 중심 도시

2 바츨라프 하벨 공항(Mezinárodní letiště Václava Havla Praha): 체코를 대표하는 공항

3 바츨라프 광장(Václavské náměstí): 프라하 상업 중심지이자 번화가

4 공화국 광장(Naměstí Republiky): 쇼핑센터, 시민회관, 화약탑 등이 있는 곳

5 시민회관(Obecní dům): 아르누보 양식의 과거 왕실거주지

6 화약탑(Prašná brána): 왕의 길 시작점

7 구시가 광장(Staroměstské náměstí): 다양한 양식의 건축물과 얀후스 동상, 틴 성당, 천문시계, 구시청사 등이 있는 곳

8 카렐교(Karlův most): 프라하를 대표하는 가장 오래된 돌다리

9 말라스트라나(Malá strana): 성 미쿨라시 교회와 네루도바 거리가 있는 소지구

10 프라하 성(Pražský hrad): 천 년의 역사를 간직한 체코 최대의 성

11 성 비투스 성당(Katedrála sv.Víta): 체코 왕족의 대관식이 거행된 프라하 천 년 역사의 최대 성당

12 페트진(Petřínské sady): 프라하를 내려다볼 수 있는 전망대가 있는 공원

13 스트라호프 수도원(Strahovský klášter): 영화 <아마데우스> 촬영지이자 아름다운 고서 도서관이 있는 곳

14 로레타(Loreta): 매 정각 27개의 종소리가 울려 퍼지는 산타 카사 성지순례지

15 비셰흐라트(Vyšehrad): 프라하 탄생 신화와 민족·예술적 혼이 담긴 상징적 장소

16 요세포프(Josefov): 프라하에 거주한 유대인들의 삶과 문화, 역사의 흔적이 남아 있는 곳

17 중앙역(Praha hlavní nádraží): 체코에서 가장 큰 기차역

18 발트슈테인 정원(Valdštejnská zahrada): 바로크 양식의 궁전이 있는 아름다운 정원

19 카페 슬라비아(Cafe Slavia): 국립극장 맞은편에 있는 피아노 라이브 카페이자 체코 예술가 및 지식인들의 만남의 장소

20 카페 루브르(Café Louvre): 체코의 많은 예술가 및 지식인들이 사랑했던 카페

21 플젠(Plzeň): 필스너 우르켈 맥주 공장이 있는 체코 대표 맥주 도시

22 플젠맥주공장(Plzeňský Prazdroj): 필스너 우르켈 생산 공장

23 캄파 섬(Ostrov Kampa): 존 레논 벽과 사랑의 다리, 캄파박물관 등이 있는 곳

잔소리꾼 딸과 사오정 아빠

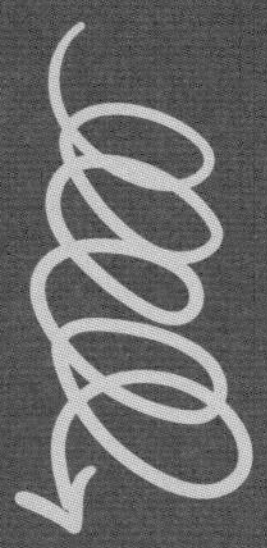

2

프라하를 소개할
최아름 가이드입니다

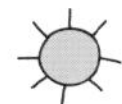

11시간을 날아와 도착한 프라하 바츨라프 하벨 공항. 체코어와 한국어로 쓰인 안내판을 보니 오랜 친구라도 만난 듯 반가웠다. 유럽에서 여기만큼 나한테 친숙한 공항이 또 있을까? 올해도 올 줄은 몰랐는데, 반갑다 프라하!

체코공항에 한국어가 드문드문 있어서 외국에 나왔다는 느낌이 별로 들지 않았다. 아빠는 공항 곳곳에 보이는 한국어를 신기해하셨다. 하지만, 공항을 빠져나오자 모든 것이 낯설어졌다. 여기는 체코 프라하다. 더 이상 한국말은 통용되지 않는다.

"이제부터 저 잘 따라다니셔야 해요!"

나는 익숙하게 119버스를 탔다. 내가 유일하게 지도 없이 다니는 곳, 가이드를 할 수 있는 곳. 나는 자신감이 넘쳤다. 반면, 아빠는 오랜 비행으로 피곤해하셨고, 낯선 환경에 바짝 긴장하신 듯했다. 난생처음 하는 배낭여행이 아빠에게는 큰 도전이었으리라.

"아빠, 얼른 오세요. 여기로 가야 해요!"

설레고 반가운 마음에 가벼운 내 발걸음, 설레면서도 두려운 마음에 무거운 아빠의 발걸음. 나에겐 익숙하고 편안한 곳, 아빠에게는 낯설고 불편한 곳. 아빠와 내가 처음으로 함께하는 유럽여행은 프라하에서 서로 다른 마음으로, 서로 다른 시간의 속도로 시작되었다.

우리의 여행이 어떻게 전개될까? 아무도 알 수 없는 여정에 대해 기대 반 걱정 반. 나와 아빠가 서 있는 거리만큼이나 가까운 듯 먼 우리의 거리가 더는 멀어지지 않고 가까워지기를 바라며 짐과 함께 지하철에 올랐다.
"…드베줴세 자비히라이(문이 닫힙니다)."

"여기 어딘 것 같은데…."
플로라(Flora) 역에 내려 밖으로 나오니 대형 마트가 보였다. 프라하는 지도 없이도 다닌다고 큰소리쳤던지라 내 손에는 달랑 숙소 위치가 인쇄된 종이 한 장만 있었다. 휴대폰은 꺼져 있고, 유심도 구매 안 했고 프라하 지도 한 장 없는데 방향치는 어김없이 오작동하기 시작했다.
"딸, 왜 그래?"
"별일 아니에요. 거기 잠시만 서 계세요."
내 불찰이었다. 플로라 역 주변은 자주 다니던 곳도 아니고, 매번 지나가기만 했던 곳이다. 더군다나 여긴 관광지에서 멀리 떨어진 주거 지역. 내가 찾는 숙소가 큰 호텔도 아니고, 렌트하우스니 좁은 골목에 있는 것이 분명했다.
'방향치인 걸 간과한 내 잘못이야.'
모든 것이 낯선 아빠는 주변만 계속 둘러보셨다. 빨리 숙소에 가서 짐을 풀고 싶은 마음이 간절했다. 주변에 있는 체코인들에게 길을 물었지만, 하나같이 모르겠다고 했다. 결국 나는 기운이 빠진 채 아빠에게 다가갔다.
"길을 못 찾아서 그래? 사람들도 모른대?"

한참 헤맨 끝에 찾은 프라하 숙소에서

"네. 금방 찾을 줄 알았는데…. 아빠 여기 잠시 앉아 계세요. 제가 찾아볼게요. 걱정 말고 짐들 잘 지키고 계세요."

아빠는 걱정스러운 얼굴로 나를 쳐다보았다. 11시간 가까이 잠 한숨 못 자고 비행한 아빠는 피곤해 보였다. 마음이 더 조급해졌다. 혼자였으면 좀 헤매도 그만인데 아빠랑 있으니 그럴 수 없었다. 어깨를 짓누르는 짐들을 내려놓고 나는 주변을 뛰어다녔다. 아빠가 불안해하지 않게 아빠 시야 안에서 움직이려면 뛰는 수밖에 없었다. 눈에 잘 들어오던 길 명패도 이날만큼은 보이지 않았다. 한참 내려가서야 우리 숙소가 있는 골목을 찾으니 묵은 체증이 가시는 듯했다. 마지막 힘을 다해 아빠가 있는 마트 쪽으로 뛰어갔다.

"드디어 찾았어요! 이쪽으로 가면 돼요."

아빠의 표정이 다시 밝아졌다. 아빠는 딸이 혹시라도 오래 걸리지 않을까, 그 사이 체코인이 다가오면 어쩌나 바짝 긴장한 모습이었다.

숙소는 내가 찾은 골목길에서 제법 내려가야 했다. 그나마 내리막길이라 짐을 끄는 게 좀 수월했지만, 생각했던 것보다 가깝지 않았다. 번지수를 하나하나 들여다보며 내려가던 중, 드디어 우리가 찾던 번지수가 눈에 띄었다.

"여기예요, 여기! 이제 다 왔어요!"

벨을 누르자, 내 또래로 보이는 체코인이 나와 인사를 건넸다. 미소를 지으며 환영 인사를 한 그녀는 우리가 오지 않아 걱정했다는 말을 전했다. 어쨌든 무사히 도착했으니 푹 쉬라며 집에 대해 간단히 설명한 뒤 열쇠를 주고 나갔다.

"아. 정말 다 왔다! 아빠, 이제 두 발 뻗을 수 있겠어요."

나는 침대에 벌러덩 드러누웠다. 아빠는 여전히 긴장한 듯 곧은 자세로 앉아 있었다.

"긴장 푸세요. 무사히 프라하에 왔고, 숙소에도 도착했어요!"

"응, 정말 왔구나! 이제 실감 난다. 아까는 숙소에 못 가면 어쩌나 불안했는데 우리 딸이 잘 찾았네. 숙소 주인이랑 이야기하는 거 보니까 흐뭇하더라."

"아빠도 참…. 이제 흐뭇하실 일 많을 거예요. 아무 일 없이 잘 여행하고 한국으로 돌아가자고요!"

"그러자! 오늘 고생했어. 딸, 앞으로 아빠 잘 부탁해."

"네, 아빠! 인사드리겠습니다. 오늘부터 아빠를 모실 프라하 가이드 최아름입니다! 저만 믿고 따라 오시면 돼요."

엄마의 제1미션
'아침 먹기'

프라하에서 짐을 푼 뒤 가장 먼저 한 일은 인근 마트에서 장보기였다. 엄마가 나에게 신신당부한 '아빠 아침 챙기기' 미션 수행을 위한 행동 개시. 아침밥보단 잠을 택하는 나에게 매일 아빠의 아침 식사를 챙기는 건 결코 쉬운 미션이 아니었다. 한국에서 엄마가 차려주는 아침상처럼 푸짐할 수는 없었다.

최소한의 재료를 갖고 아침을 차리기로 했다.
"아빠, 당분간은 빵 같은 거 드셔야 해요. 괜찮으시죠?"
"걱정 마라. 아빠도 먹을 수 있어. 너희 엄마가 선식 챙겨줬으니까 그것도 먹으면 되지! 우유는 꼭 사야 해!"
한국에서는 엄마를 따라 열심히 카트를 밀고 다니시던 아빠지만, 이곳 마트는 낯선지 자꾸 두리번두리번하셨다. 아빠는 영어도 아닌 체코어로 쓰인 낯선 음식 재료들을 선뜻 카트에 집어넣지 못하셨다.
"뭐 드실래요? 이거 드실래요?"
"아빠는 모르니까, 네가 알아서 사."
나는 국적 상관없이 친숙해 보이는 것들로 하나둘 골랐다. 아빠가 선식을 타 먹을 우유를 비롯해 식빵 대용인 호밀빵과 딸기잼, 내가 좋아하는 치즈, 단백질 섭취를 위한 달걀과 비타민 섭취를 위한 과일, 저녁에 마실 캔 맥주까지…. 아빠가 드셔야 할 영양소를 따져서 골고루 담아야겠다는 마음에 마트 안을 몇 번이나 둘러보며 물건을 들었다 놓기를 반복했다.
"또 뭐 드시고 싶으세요?"
아빠는 사실 선식을 타 먹을 우유를 카트에 넣는 순간 장보기 미션을 이미 마치셨다. 꼭 사야 할 대상에 포함되지 않은 다른 것은 아빠에게 그저 호기심의 대상일 뿐이었다.
"부족하면, 내일 또 오면 되니까요. 오늘은 여기까지!"
엄마 없이 아빠와만 장보기는 어색했다. 둘이 장을 보는 것도 이번이 처음이다. 아빠와 나름 친하다고 생각했는데, 낯선 공간에 둘만 있으니 모든 게 서먹하게만 느껴졌다.

그렇게 '아빠 아침 챙기기' 미션은 여행 이튿날부터 본격적으로 시작되었다. 나의 아침은 갑자기 분주해졌다. 처음엔 그냥 아침만 챙겨 먹으면 되는 줄 알았는데 부수적인 미션들이 줄줄이 있었다.

1. 일찍 일어나기
2. 씻고, 화장하고, 옷 입기 등 굼뜨지 않게 처리하기
3. 아빠의 준비과정 도와드리기
4. 선식 챙겨드리기
5. 아침 챙겨먹기
6. 설거지하기
7. 오늘의 여행 준비물 챙기기

늦어도 아침 9~10시 사이에는 여행하러 나가기로 해서 7시에 일어난다는 가정하에 모든 미션을 2시간 이내로 마무리 지어야 했다. 평소 올빼미족인 나는 밥을 먹지 않아도 아침 기상부터 집을 나가기까지 두 시간은 족히 걸렸다. 반대로 아빠는 새벽같이 일어나 내가 곤히 자는 동안 씻고 의자에 앉아 있었다. 모든 준비에 1시간도 채 걸리지 않았다. 아빠가 준비를 마치자, 그때부터 난 멀티플레이 기계처럼 움직였다. 머리를 말리다가 화장을 하고, 식빵을 굽고 달걀을 삶고, 어제 사온 먹거리들을 식탁에 올렸다.
"아빠, 식사하세요."
내가 정신없이 움직이는 사이, 아빠는 방에서 무언가를 가지고 나오셨다. 엄마가 챙겨준 선식 통과 선식 봉투 두 개. 아빠는 통에 선식을 담고 우유를 넣어 흔드시더니 컵 두 개에 가득 담았다.

"자, 이거 마시렴. 엄마가 챙겨준 거야."
엄마가 챙겨준 건 다 먹어야 한다며 시키지 않아도 알아서 챙기셨다. 딱 거기까지. 더도 덜도 하지 않았다.
식사 후에도 아빠는 선식 통만 싱크대에 두고 가셨다. 식탁 위에 다른 그릇도 있는데. 시키는 것만 한다는 엄마 얘기가 무슨 말인지 단박에 이해되었다. 엄마가 아침마다 선식을 먹으라고 했기 때문에(이건 엄마의 명령), 아빠의 머릿속에는 온통 '아침=선식'(명령은 곧 아빠의 머리에 입력됨)이라는 공식이 생겼고, 아빠는 아침마다 선식을 드셔야만 엄마의 미션을 성공할 수 있다(명령은 곧 실행).

엄마의 미션을 수행하기 위해
아침에 먹은 음식들

'아…. 그래서 한 번에 여러 가지 일을 시키지 말고 구체적으로 알려주고, 차례로 시키라고 하셨구나.'
나는 아직 준비도 다 못 끝냈는데, 설거지까지 해야만 했다.
그리고 또 다른 미션을 수행해야 한다. 왜 정신이 하나도 없는 거지? 워킹맘들은 매일 이런 기분일까? 아침 미션 첫날, 여행을 시작하기도 전에 진이 빠졌다.
'이 여행…. 잘 끝낼 수 있겠지?'
자꾸만 나에게 질문을 던지게 된다. 아침은 정말 전쟁이다.

시내를 빠르게 보려면 '왕의 길'을 따라

"여행 전에 운동하세요! 유럽은 많이 걸어야 해서 힘들어요. 체력 키우셔야 해요."

"괜찮아. 체력이 안 되면 쉬어가면 되고, 강행군할 거 아니잖아. 쉬엄쉬엄하면 돼."

"쉬엄쉬엄해도 일정이 있으니까요. 유럽은 돌길이고 많이 걸어다녀야 해서 힘들 수 있어요."

계속되는 딸의 잔소리에 아빠는 한마디 하셨다.

"늙은이 취급하지 마! 아빠 아직 괜찮아, 이제 겨우 환갑밖에 안됐다고!"

"그게 아니고요. 걱정되니까 그러는 거예요."

여행 전부터 가족들은 아빠에게 주의해야 할 것, 해야 할 것, 봐야 할 것을 계속 가르쳐주었다. 절반은 잔소리에 가까운 말이었다. 특히나 허리를 삐끗하시는 바람에 커진 걱정만큼이나 아빠가 들어야 할 말도 늘었다. 잔소리가 이어지자 아빠는 자꾸만 기운 없는 늙은이 취급한다는 생각에 서운했는지 결국엔 큰소리를 내셨다.

"나 아직 젊다고. 걱정하지 마! 잘 돌아다닐 거야!"

여행이 본격적으로 시작된 이튿날, 나는 아빠의 체력을 믿었다. 프라하 첫 여행은 왕의 길을 따라가는 도보여행으로 시작했다.

프라하의 심장이라는 구시가 중심에 위치한 광장

옛날 연금술사들이 화약창고 겸 연구실로 썼다고 알려진 화약탑

첫날은 프라하를 전체적으로 한 번 보고, 그다음 날은 마음에 든 곳들만 중점적으로 보는 일정이었다. '괜찮겠지 뭐, 그까짓 거리가 얼마나 된다고?! 프라하는 뭐니 뭐니 해도 도보여행이지. 구석구석 볼 게 얼마나 많은데.'

"아빠! 여행할 수 있으시죠?! 오늘은 걷고 싶어요!"

바츨라프 광장에서 시작된 프라하 여행의 시작은 분명 나쁘지 않았다. 이른 아침이라 사람이 별로 없었고, 햇볕도 따뜻했다. 작년에는 비가 와서 추웠는데 지금은 날씨까지 화창하니 좋았다. 거기다 사람이 많지 않아 편했다.

"아빠, 거기 서보세요. 사진 찍어드릴게요."

아빠는 사진 찍기를 즐기지 않았지만, 처음엔 포즈를 잡고 찍혀주셨다. 우리는 천천히 광장을 거닐며 시민회관으로 향했다. 처음 마주한 유럽의 풍경에 아빠는 뒷짐을 지고 거닐며 두리번두리번하셨다. 나는 아빠를 뒤따라가며 추억들과 마주했다. 일 년 만에 다시 찾은 프라하는 언제나 그렇듯 옛 모습 그대로였지만, 내부의 충적은 서로 다른 내 기억의 단편들로 채워져 있었다. 그래서인지 지금의 거리가 새롭고 놀랍게 다가왔다. 나중에 다시 방문한다면 오늘의 감성과 기억들이 중첩되어 또 새롭겠지?

"프라하를 몇 번이나 갔는데도 좋아요?"라고 누군가 물으면 이렇게 말하고 싶다.

"네, 가도 가도 좋고, 봐도 봐도 보고 싶어요. 프라하는 사람을 끄는 신비한 마력이 있어요."

프라하에 두고 온 수많은 추억이 나를 과거로 소환했다. 내 눈에만 보이는 그 시절 내 모습들이 나와 함께 거닐었다. 그땐 그랬지, 그땐 그랬어.
공화국 광장에서 성 비투스 성당까지 이르는 왕의 길은 시민회관, 화약탑, 구시가 광장, 카렐교, 말라스트라나, 프라하 성으로 이어졌다.
과거 왕의 대관 행렬이 거행되던 길을 따라 걸으면 프라하의 주요 관광지를 빠르게 훑어볼 수 있다. 처음 프라하를 방문하거나 시간이 빠듯한 사람에게는 이 길을 따라 여행하길 추천한다. 다만 이 길은 트램을 탈 수 없고, 도보로 가야 하므로 체력이 뒷받침되어야 한다.
길이 험난하다거나 엄청나게 많이 걸어야 하는 것은 아니다. 프라하의 주요 관광지는 옹기종기 모여 있어서 걷기를 싫어하거나 체력이 부족한 사람이 아니라면 얼마든지 도보여행을 할 수 있다. 프라하는 도보여행이 진리다. 골목길 구석구석에 볼거리, 이야기가 숨어있는 프라하를 걷지 않는다면 프라하를 봤다고 할 수 없다.
"프라하의 거리를 울고 다니는 그 여자는 땅과 담벼락 색깔의 헌 누더기 주름 속에 수천수만 명의 이름들, 얼굴들, 목소리들을 담아가지고 있다. 그 여자는 다 해진 옷의 주름주름에 그토록 많은 이름들을 감추고 있어서 그 모든 이름들만으로도 한 민족을 이룰 정도다. 기념물들의 담벼락에 새겨진 그 이름들처럼…"

실비 제르맹의 「프라하 거리에서 울고 다니는 여자」 중에 나오는 이 문구처럼, 나는 프라하의 거리를 거닐며 숨겨진 수천수만 명의

성 비투스 대성당의 아름답고 화려한 스테인드글라스

이름, 얼굴, 목소리들을 찾아내고 싶었다. 가능하다면 프라하 거리를 울고 다니는 책 속의 알 수 없는 여자를 만나 이야기를 나눠보고 싶었다. 나에게 프라하는 아름답게만 느껴지는 곳이 아니라, 미스터리한 도시였다. 때론 진부하고, 때론 유쾌했으며, 때론 슬퍼 보이고, 때론 행복해 보였다. 아름다움의 이면에 감춰진 상처 입은 옛 흔적들은 화려한 전경과 불빛에 사라졌다가, 아무도 없는 도시에 고요한 안개만 자욱할 때, 그 모습을 드러냈다.
아빠도 나와 같은 느낌을 공유하길 바랐다. 그냥 유명한 관광지, 명물만 보고 지나치는 것이 아니라 호기심을 가지고 아빠만의 감상에 빠지길 바랐다. 내가 패키지여행이 아닌 배낭여행을 택한 이유 중 하나였다. 인증사진 찍겠다고 비싼 돈 들여 유럽여행을 온 건 아니었으니까.

프라하 성에 심봉사와 심청이가 나타났다

"천천히 가자."
보고 싶은 것도, 하고 싶은 것도 많은 아직 피 끓는 청춘인 내 속도는 아무리 늦춰도 빨랐다. 아빠는 최대한으로 속력을 내도 나를 따라올 수 없었다. 오기 전부터 체력에 자신감을 보이셨기에 이 정도는 별 탈 없이 걸어도 될 줄 알았다. 나름대로

속도를 조절하며 충분히 아빠를 배려했다고 생각했는데 그건 내 착각이었다. 아빠는 내 걸음을 쫓아오느라 힘드셨고, 관광지를 느끼기는커녕 보기에도 바빴다. 나는 그걸 왕의 길을 3/4쯤 걷고서야 알았다. 아빠는 프라하 성으로 오르는 얀 네루다 거리의 트르들로(Trdlo) 카페에서 잠시 쉬어갈 때 고충을 털어놓았다.

왕의 길을 한참 걷다가 들른
트르들로 카페

"딸, 아빠는 좀 힘들어. 허리가 아파서 걷기가 힘드네."

계속 걸은 탓에 무리가 왔나 보다. 평지를 걸었지만 돌길이다 보니 운동화를 신어도 아팠다. 나는 그나마 적응되어 있었지만 아빠는 처음 아닌가. 이전에 어르신들을 모시고 프라하 가이드를 할 때 도보여행을 힘들어하셨던 기억이 떠올랐다. 그땐 내가 더 젊었으니까 더 빨리 다니고 패기가 넘쳐서 그럴 수도 있다. 근데 지금은 느긋하게 다니는데 힘들어하시면?

"다 안 봐도 되니까 천천히 다니자. 여유 있게."

"저 지금 엄청 느리게 걷는 거예요."

사실 당황스러웠다.

'아빠가 이렇게 나약한 사람이 아닌데. 운동을 좋아하진 않지만, 잘 걸어다니셨는데. 이게 걷기에 힘든 거리인가? 내가 너무 빨랐나? 아닌데…. 나 지금 답답할 정도로 천천히 걷고 있는데….'

순간 많은 생각이 스쳤다. 트르들로를 먹고 있는 아빠를 쳐다보았다. 어제의 여독이 가시지 않은 피곤한 얼굴, 푹 파인 이마 주름이 눈에 들어왔다. 내 눈에 비친 아빠는 그동안 알고 있던 아빠의 모습과 사뭇 달랐다.

언제 생겼는지 모를 이마의 주름이 아빠의 지나온 세월을 대변했다. 아니, 그것도 못 알아보냐고 나를 혼내는 듯했다. 젊은 시절 누구보다도 잘생긴 아빠. 엄마가 이 세상에서 우리 아들이 가장 잘생겼다고 할 때도, 나는 아빠가 훨씬 잘생겼다고 대꾸하곤 했는데. 그런 아빠의 얼굴에 이 불청객은 대체 뭐란 말인가?

인정하고 싶지 않았지만, 아빠는 어느새 나이가 들어 있었다. 내가 느리다고 생각하는 걸음이 빠르다고 느끼실 만큼. 트로들로를 다 드신 아빠가 가방에서 주섬주섬 견과류를 꺼내주셨다.

"엄마가 틈틈이 먹으라고 싸줬어. 당 떨어지면 안 된다고."

아빠가 준 견과류를 먹으며, 야속한 세월을 원망했다.

'내가 나이든 만큼, 아빠도 나이가 든다는 걸 왜 생각 못 했을까? 아빠 얼굴, 한 두 번 본 것도 아닌데, 이 낯선 기분은 뭘까? 다른 어른들과는 다르다고 생각했는데, 왜 자꾸 그들에게서 봤던 모습이 보이는 걸까?'

마음이 아팠다. 나는 속도를 더 늦췄다. 금방 오를 수 있는 프라하 성을 계단에서 한 차례 더 쉬다가 걷고, 앉았다 서고, 걷고를 반복했다. 예전 같으면 벌써 프라하 성을 다 보고 다른 곳을 가고도 남을 시간인데 우린 여전히 프라하 성안을 맴돌았다. 쉬었다 가는데도 아빠는 힘들어하셨다. 그리고 처음 보는 광경에도 차분하셨다. 몇 번을 봐도 새롭고, 멋진 광경에 흥분해서 감탄하는 나와 달리. 아빠는 건물이나 사물이 어디 있나 먼저 찾고, 그것들을

프라하 성 가는 길에 바라본 전경
프라하 성 내부

오래 지켜보기보다는 주변에 앉을 곳부터 찾아 거기 오래 머물렀다. 그러다 보니 아빠가 자꾸 내 시야에서 사라졌다. 내가 무언가를 보는 사이 아빠는 다른 곳에 있었다. 앉을 곳이 근처면 괜찮지만, 계단이나 낮은 곳에 걸터앉으시면 쉽게 눈에 띄지 않았다.

"말없이 사라지시면 안 돼요. 사람도 많은데 여기서 잃어버리면 국제미아 돼요."

아빠는 딸의 간곡한 부탁에 알겠다고 대답했지만, 어디 그게 쉬우리. 걷느라 지친 아빠의 몸은 딸의 당부 따윈 금방 잊어버렸다. 당당하게 걸을 수 있다고 큰소리쳤던 아빠는 지금 내 앞에서 허리도, 다리도 아파 절뚝거렸다. 나는 아빠 손을 놓치지 않게 꼭 잡고 많은 사람들 사이를 빠져나왔다. 아빠는 혼자서 걸을 수 있다고 했지만, 내가 보기엔 무리였다. 여행 시작한 지 반나절도 안 됐는데, 벌써 계획이 삐거덕대고 있었다. 아빠는 내 손에 이끌려 따라왔다. 내 걸음은 여전히 아빠보다 빨랐지만, 잡은 손 때문에 그나마 보폭을 맞출 수 있었다.

"우리 꼭 심봉사와 심청이 같다. 눈 먼 아빠 데리고 다니는 심청이처럼 우리 딸이 아빠를 꼭 잡고 다니네."

아빠 말이 그럴 듯하게 들렸다. 내가 잘 걷지 못하고, 어디가 어딘지 알지 못하는 아빠의 손을 꼭 잡고 계속 설명하며 부축하고 있었으니까. 한복이 아니고 지팡이가 없다 뿐이지 아빠는 지금 선글라스에 갓처럼 보이는 끈 달린 모자를 썼다.

"하하하하하…."

심봉사와 심청이를 상상하니 웃음이 터졌다.

"아빠, 이런 효녀 없습니다. 그러니까 잘 따라오세요. 이 손 놓지 말구요!"

아빠와 딸의 시간은 거꾸로 흐른다

"프라하에 왔다면 당연히 야경을 봐야죠."
유럽에서 가장 아름다운 야경, 로맨틱한 도시로 유명한 프라하에 와서 밤 풍경을 보지 않고 간다면, 프라하를 봤다고 할 수 없다. 프라하의 야경은 내가 가본 어느 도시의 야경보다도 아름답다. 태양이 저물 때가 되면 프라하 성의 조명이 서서히 켜지면서 사람들을 매혹할 준비를 했다. 나는 이것을 프라하의 마법이라고 불렀다. 프라하의 마법 가루가 도시에 뿌려지면, 거부할 수 없는 마력에 이끌려 도시를 거닐었다. 어두운 밤이 무서울 만도 한데, 프라하의 거리는 무섭지가 않았다. 오히려 주홍빛 조명에 비친 도시의 건물과 거리가 숨긴 비밀스러운 이야기가 궁금했다.
"고요히 늘어선 집들 사이를 바싹 붙이며 좁아진 거리의 어둠 속에서 중세가 되살아왔다. 밤은 도시의 옛 모양을 되찾아 주고 일순 옛 영광의 추억을 현실로 바꾸어 놓았다."
이르지 카라세크 제 르보빅의 「종」에 나오는 문장처럼, 밤의 프라하는 과거의 영광을 가스등의 불빛을 빌어 피워내고 있었다.

그들은 밤마다 나를 유혹했고, 나는 밤마다 프라하에 유혹당했다. 그런데 이번 여행의 현실은 늦은 점심을 먹은 후 숙소 행이었다. 한여름 무르익은 야경을 보려면 밤 8시에서 9시 사이는 되어야 하는데, 아빠는 저녁도 먹지 않고 숙소에 가길 원하셨다.
"그럼 숙소에 갔다가 야경 보러 다시 나오는 거예요!"
"그래, 좀 쉬다가 나오자."
아빠와 굳게 약속했다. 이 시간에 숙소에 돌아오리라고는 생각도 못 했다. 아빠는 오자마자 침대에 누우셨다. 그리고 얼마 지나지 않아 코 고는 소리가 숙소에 울려 퍼졌다. '설마…. 아닐 거야. 벌써 주무시나?'
평소 아빠의 일과는 새벽에 시작돼서 이른 밤이면 끝이 났다. 여행지에서는 시차 때문인지 하루를 시작하는 시간과 끝내는 시간이 더 앞당겨졌다. 반면 나의 하루는 늦은 아침에 시작해서 늦은 밤에야 끝났다. 여행지에서도 시차 영향을 별로 받지 않았다. 생활양식이 정반대인 두 사람이 한 공간 안에서 생활하고, 여행하자니 불편한 점이 한둘이 아니었다.
새벽에 일찍 일어난 아빠는 내가 일어나길 기다려야 했고, 밤잠이 없는 나는 아빠가 잠에서 깰까 내 할 일을 조심스럽게 해야만 했다. 두 사람의 여행이 편하려면, 누구 한 사람이 맞출 필요가 있었다. 하지만 몸에 밴 생활양식을 하루아침에 바꾸는 게 어디 쉬운가? 다행히 아빠는 다시 일어나셨다. 불도 안 켜고 체코어만 흘러나오는 텔레비전이나 보던 나를 위해 힘을 내줬다. 늦게나마 카페 슬라비아(Cafe Slavia)에 갈 수 있었다. 나는 그곳에서 피아노 치는 할아버지의 연주를 들으며 창밖 야경을 즐겼다. 그리웠던 그

내가 가본 어느 도시의 야경보다 아름다운 프라하의 야경

카페 슬라비아에서 피아노 치는 할아버지

연주는 다시금 나를 추억 속으로 이끌었다.

그 사이 아빠는 꾸벅꾸벅 졸았다. '얼마나 피곤하면 피아노 음악이 라이브로 흘러나오는 로맨틱한 순간에 조실까? 내가 또 너무 내 생각만 했나 보다.'

"많이 피곤하시죠?"

"아니야, 괜찮아."

"지금 졸고 계셨잖아요."

"졸긴…. 그냥 눈 감고 음악 감상 중이었어."

"아닌데? 고개가 살짝 떨어졌는데?"

아빠와 나는 카페를 나왔다. 멀리 프라하 성이 보이니 이대로 숙소로 돌아가고 싶지 않았다. 하지만 아빠는 멋진 야경에도 별 감흥이 없어 보였다.

"야경 멋있지 않아요?"
"아빤 잘 모르겠어. 불도 밝지도 않고…. 서울 야경이 더 화려하고 멋있는 것 같은데?"
"아. 서울 야경도 좋죠. 그래도 전 프라하 야경이 더 멋있어요. 아빠, 같이 카렐교 안 가실래요?"
"나는 피곤한데, 그만 숙소 가고 싶어. 딸은 갔다 와. 숙소에 먼저 가 있을게."
"아니에요, 같이 숙소로 가요. 혼자 가다가 길 잃으실 수도 있잖아요."
나는 끝내 프라하의 야경을 제대로 즐기지 못했다. 강변에 서서 저 멀리 프라하 성과 카렐교를 바라볼 뿐이었다. 카렐교의 야경에 취해 다리를 몇 번씩 걸었던 나인데, 멀리서 바라만 봐야 한다는 게 마음 아팠다. 저녁이 되자 아빠의 체력은 급격히 떨어졌다. 밤늦게까지 걷기를 강요할 수 없었다. 아빠가 카렐교의 낭만을 직접 만끽할 수 있길 바랐지만, 그럴 수 없었다.
사진 한 장을 찍고 숙소로 돌아왔다. 하루의 여행을 마무리하며 서로 감상도 공유하고, 사진도 정리하고, 기록도 하고, 다음날 일정도 짜고 싶었지만, 아빠는 내가 씻는 사이 금세 잠드셨다. 아빠가 일어나길 기다리다 나도 잠이 들었다. 계획은 언제나 계획일 뿐임을 다시 한 번 깨달았다.
아빠와 함께한 프라하의 밤은 고요히 지나갔다. 아쉬운 마음을 한가득 안은 채 아른거리는 불빛만 머금으며.

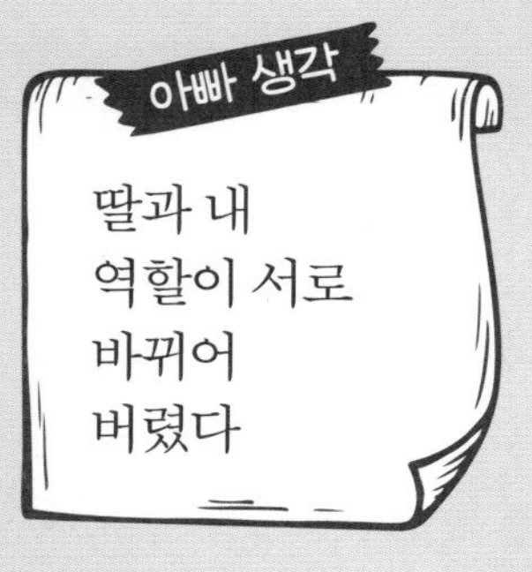

아빠 생각
딸과 내
역할이 서로
바뀌어
버렸다

프라하 공항의 첫인상은 우리나라 지방 공항같은 느낌이었다. 공항에 한국말 안내판들이 눈에 띄어 익숙하단 생각도 잠시, 공항 밖으로 나가니 알아들을 수 있는 말이 하나도 없었다. 영어도 아니고 체코어라니?! 생각해보니 딸이 체코어를 공부했는데도 말하는 걸 본 적이 없다. 체코어가 그렇게 어렵다는데, 대체 내 딸은 그걸 왜 배웠을까? 내 자식이지만, 가끔은 누구 유전자가 들어갔나 싶다. 난 언어에 소질도 없고, 글재주도 없고, 공부하고도 거리가 먼데 딸은 누굴 닮은 거지? 아내도 아닌 것 같은데?

본격적으로 프라하 여행을 하며 딸의 가이드가 시작되었다. 딸은 나에게 많은 것을 보여주겠다는 의지를 불태웠다. 첫날은 산책처럼 가볍게 다니면 되겠거니 했는데, 이건 절대 산책 수준이 아니다. 걷고, 걷고, 또 걸었다. 길이 한국처럼 평평하지도 않고, 돌길이라 운동화를 신었는데도 불편했다. 거기다 허리까지 아파서 주변이 눈에 들어오지 않았다. 딸이 그렇게 멋있다던 건물도, 성당도, 성도 처음에만 '와' 했지, 다 비슷비슷하고 그게 그거 같았다. 본 것도 안 본 것 같고, 안 본 것도 본 것 같은. 오히려 거리에 가득찬 관광객이나, 거리 공연, 공중 부양을 하는 사람들을 보는 게 더 재미있었다. 길거리 공연을 구경하던 관광객들이 돈을 주는 것도 신기했다. 나도 주고 싶은데, 딸에게 돈을 다 줘서 없다. 유럽에 오니 돈 벌던 가장이 아닌 돈 한 푼 없는 가난한 여행객이다.

길은 자꾸 헷갈리고, 걷기는 힘들고, 날도 푹푹 찌니 그냥 숙소에 누워있고 싶다. 음식도 딸은 맛있다는데, 나는 잘 모르겠다. 속도 더부룩한 게 아무래도 더위를 먹었는지. 딸은 프라하에 와서 좋다고 싱글벙글한데, 숙소에 있겠다고 초 치기가 미안해서 군소리 없이 따라다녔다. 그 결과 우려하던 대로 체력이 바닥나서 딸이 나를 심봉사 데리고 다니는 심청이처럼 모시고 다녔다. 처음엔 아파서 구경도 제대로 못 하고 딸 고생시키는 것 같아 많이 미안했지만 딸과 팔짱도 끼고, 손도 잡고 같이 다닐 수 있어 즐겁다. 낯설고 말도 안 통해서 많이 긴장했는데 딸이 알뜰살뜰 다 챙겨준다. 남들은 못 해보는 부녀지간의 여행! 친구들이 엄청 부러워할 거다.

아빠는 사오정

"그거 제 칫솔 아니에요??"

"아니야. 아빠 칫솔인데…."

아빠가 들고 있는 칫솔은 분명 녹색이었다. '이럴 수가. 아빠가 내 칫솔을 쓰고 있다니! 어쩐지 빨리 닳더라니.' 여행 오면서 새 칫솔을 가져왔는데, 며칠 되지도 않아 헌것의 기운이 물씬 풍겨 이상하다고 생각하던 참이었다. 설마 아빠가 내 칫솔을 쓰고 있었으리라곤 상상도 못 하고, 내가 칫솔을 험하게 다루나 싶었는데. 아빠의 양치질이 끝나고, 나는 아빠를 취조했다.

"언제부터 제 칫솔 쓰신 거예요?"

"계속 이거 쓰고 있었어. 지난번에 아빠가 딸한테 무슨 색이냐고 물었잖아. 그때 녹색이라고 해서 썼지."

"그건 제 칫솔이 녹색이라고 한 거잖아요. 아빠 것은 파란색이고. 제가 분명히 말했잖아요."

"아…. 그랬어? 아빠 것이 녹색이라고 한 줄 알고. 미안해 딸…."

분명히 색깔을 말씀드렸는데, 아빠는 내 말을 거꾸로 들었다. 오늘 아빠가 밖에서 양치질하지 않았다면, 여행 내내 같은 칫솔을 쓸 뻔했다.

아빠는 종종 내가 한 말을 제대로 듣지 않았다. 내가 열심히 이야기했는데, 자꾸 딴소리를 하셨다. 아니면 포인트가 아닌

지점을 잡아 불쑥 말씀하신다거나. 오죽하면 내가 아빠에게 사오정이냐고 했을까?

"아빠, 제 말 좀 잘 들어주세요. 두세 번 반복해서 말하기 힘들어요…."

말이 많지 않은 내가 아빠와의 여행에서 수다를 담당했다. 온종일 설명하고 또 설명하고, 아빠가 심심할까 봐 이런저런 말을 계속하다 보니 목이 쉽게 피로해졌다. 그런데 아빠가 사오정처럼 자꾸 딴말을 하니 한 말을 또 해야 했다. 어느 순간에는 짜증이 올라오기도 했다.

여행을 시작하고 며칠 안 지나서 엄마랑 통화할 때였다.

"여행은 재밌어? 아빠랑 여행하니까 어때? 아빠 잘 따라오셔?"

"엄마! 나 엄마가 아빠한테 왜 그렇게 잔소리했는지 알 것 같아."

엄마는 웃음을 터트리셨다.

"그치? 이제 엄마 마음 알겠지? 너희 아빠가 그런 사람이야."

아빠는 스피커폰 기능으로 통화하는 우리 대화를 듣더니 이해할 수 없다는 표정을 지었다.

"내가 뭘…?"

"당신 딸 말 잘 듣고, 잘 따라다녀. 딸 힘들게 하지 말고. 거기서 잃어버리면 국제미아 되니까."

"잘하고 있어. 걱정하지 마."

"딸, 엄마 마음이 이해 간다니 그것만으로도 이번 여행은 충분히 값어치 있는 여행이야! 보낸 보람이 있네!"

어쩌면 엄마가 나랑 아빠를 함께 여행 보낸 이유는 '제발, 엄마 마음을 이해해줘!'였을지도 모르겠다. 엄마가 아빠한테 잔소리할 때마다 딸들은 아빠 편을 들곤 했다. 그럴 때마다 엄마는 "니들이 아빠를 잘 몰라서 그래. 아빠랑 살아 봐."라고 말했다. 아빠와 며칠째 종일 붙어 지내다 보니 엄마 마음이 이해가 되었다. 엄마는 당연히 잔소리할 만했다. 느긋한 나도 자꾸 아빠에게 잔소리가 나오는데, 나보다 몇 배는 급한 엄마가 잔소리 안 하는 게 이상하지.

"제가 잔소리 안 하게 해주세요. 제발…."

"너도 엄마랑 똑같은 소리 한다. 엄마 없으니까 네가 엄마 역할 하는 거야? 몰랐는데 딸한테서 엄마가 보이네. 너 엄마랑 닮았어!"

그때 알았다. 내가 아빠보다 엄마랑 더 닮았다는 것을. 그동안 나는 아빠 성격을 닮았다고 생각했는데.

"미안해요. 나도 여자인가 봐요. 엄마 마음이 이해되는 게."

"너도 나이 들어 봐라. 눈도 침침하고, 귀도 잘 안 들리고, 몸이 내 맘대로 안 돼. 집중력도 떨어지고. 그래도 사오정이란 말은 너무했어! 아빠, 사오정 아냐! 그냥 식구들이랑 생각하는 관점이 달라서 딴말이 나오는 것뿐이야."

아빠는 내가 엄마와 한 편이 돼서 사오정이라 놀리자 삐졌다. 어쩌랴? 자꾸만 딴소리를 하시는데.

"아빠, 제발 제 말에 집중! 집중해주세요!"

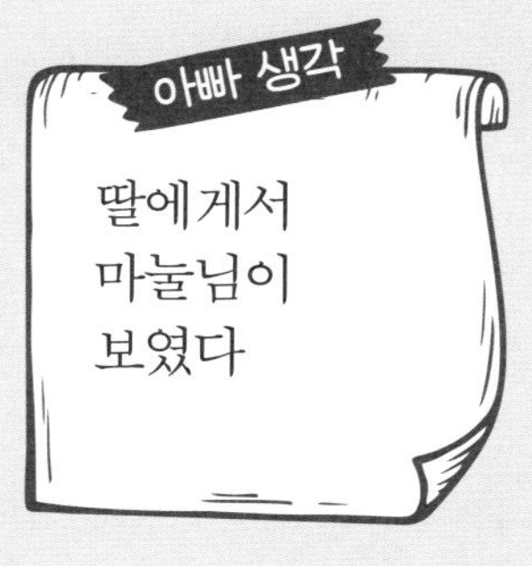

아름이가 그동안 하도 "프라하, 프라하" 노래를 해서 궁금했다. 내 딸이 왜 여기를 그렇게 좋아할까? 여기서 공부하고 일도 하면서 어떻게 지냈을까? 딸이 빡빡하게 나를 데리고 다니는 걸 보니 그동안 보여주고 싶은 것이 어지간히 많았던 모양이다. 혈기 넘치는 딸을 쫓아다니기는 결코 쉽지 않았다. 허리가 아프니 아무 생각도 안 들고, 자꾸 앉을 곳, 쉴 곳만 찾게 된다. 그래서 딸이 하는 말을 제대로 못 듣고 딴소리만 하니까 "아빠는 사오정!"이라고 소리쳤다. 내가 왜 사오정이야? 그냥 딴생각할 때 물어보니까 그런 건데. 아직 귀먹을 정도는 아닌데, 자꾸 노인네 취급하는 것 같아서 살짝 서운했다. 그래도 아무렴 어때, 내가 아니라면 아닌 거지.

사오정에 심봉사 같은 아빠를 모시고 다니는 딸도 어지간히 힘들겠다. 말 못 하는 나 때문에 통역도 해야지, 번역도 해야지, 길도 찾고, 음식 주문도 하고, 설명도 해줘야 하고… 아빠 때문에 신경 쓸 게 많은데, 그 많은 일을 다 해내는 걸 보니 우리 아름이가 이제 다 컸구나. 언제 저렇게 다 컸을까? 혼자 할 수 있는 것 하나 없던 어린아이였는데, 이제는 낯선 나라에서 뭐든 척척 해내고 있다. 언뜻 딸에게서 마눌님이 보였다. 날 닮은 줄 알았는데, 아내 모습이 있네?! 신기했다. 딸들은 커가며 엄마를 닮는다는데, 우리 딸도 그런가 보다. 그래도 아름이는 아빠랑 가장 많이 닮았다는 내 생각엔 변함이 없다. 누구 딸인데? 내 딸이지!

연인처럼 다정해보였다면 성공한 거지 뭐

첫날의 무리한 여행을 반성하며, 오늘은 여유롭게 다니기로 했다. 여행을 시작한 지 얼마 되지도 않았는데 체력을 다 소진할 수는 없으니까.
"오늘은 천천히 산책해요!"
아빠는 어제 강행군을 한 후라 내 말을 믿지 않는 눈치였지만 싫다고 하시진 않았다. 나를 안 따라간다면, 아빠 혼자 숙소에서 무엇을 하셔야 할까? 낯선 세상에서 아빠가 믿고 의지할 사람이라고는 나밖에 없다. 내가 뭐라든 아빠는 전적으로 내 말을 들어줄 수밖에 없었다. 아빠와 딸의 위치가 바뀌었다. 결정권도 경제권도 다 나에게 위임됐다. 아빠에게는 선택권이 주어지지만, 결과적으로 이를 판단하고 행동하는 건 나였다. 아빠에게 나는 가장과 다름없었다. 이렇게 역할을 바꿔보는 건가요?
오늘의 여행 장소는 페트진과 스트라호프 수도원, 로레타였다. 무리한 계획은 좋지 않다는 빠른 판단하에 방문 장소를 최소화했다. 혼자였으면, 반나절도 안 돼서 끝날 루트지만, 아빠와의 여행에서는 시간을 가늠할 수 없었다. 세 군데만 둘러보는데도 하루가 꼬박 필요할지도 모른다. 최대한 느리게, 많이 쉬면서, 슬로우 스텝으로. 언제나 바쁜 뚜벅이 인생, 이번만큼은 여유 있게, 럭셔리하게 다녀보기로 했다. 걷지 않고,

페트진 공원으로 향하는 길목에 있던 푸른 벤치와 꽃
탑에서 내려다 본 풍경

트램을 탔다. 페트진 탑에서도 299개의 계단 대신 엘리베이터를 타고 올랐다.

"아빠 덕분에 제가 호사를 누리네요. 엘리베이터 처음 타 봐요. 전에 왔을 땐 계단을 다 걸어 올라왔어요!"

아빠는 별말씀 없이 웃었다. 힘들이지 않아서인지 금방 내려간다 해도 아쉽지 않았다. 만약 걸어 올라왔다면, 아까워서라도 한참 머물렀을 것이다. 나는 아빠에게 저 멀리 우리가 갈 곳을 가리켰다. 높은 곳에서 내려다보니 우리가 선 이곳이 천 길 높이로 우뚝 솟아있는 듯 느껴졌다.

"저기 금방 갈 수 있어요! 절대 멀지 않아요. 걸으실 수 있죠?"

내려올 때도 엘리베이터를 탔고, 아이스크림까지 사 먹었다. 그동안 내가 한 여행들이 안쓰러워졌다. 주인 잘못 만나 맨날 걷고 못 먹고 다니느라 고생한 내 몸에 미안함을 표했다. 이번 여행에서 느림의 미학을 배워야지!

프라하의 연인들을 위한 페트진은 여느 때처럼 커플로 가득했다. 프라하에서 가장 로맨틱하다고 꼽히는 길에 놓인 벤치에 앉아 있자니 시종일관 미소가 떠나지 않는 연인들이 계속 지나갔다. 그들은 애정을 서슴지 않고 표현했다. 나이는 별로 중요하지 않았다. 키스하며 사랑을 표현하는 젊은 사람들보다 두 손 꼭 잡고 천천히 걷는 중년들의 사랑이 더 예쁘게 보였다.

길에서 만난 마법사

연인들의 사랑스러운 낙서

가족 간에도 스킨십이 자연스러웠다. 사랑 표현에 서툰 우리들과는 대조적이었다. 우스갯소리로 한국에서는 할머니가 먼저 막 가시고, 할아버지는 저 멀리서 뒷짐 지고 따라가신다는 말이 있다. 사랑해서 결혼했는데, 왜 사랑 표현에 더 서툴러지고 어색해지는 걸까? 사랑한다고 자꾸 표현해줘야 하는 가족끼리 왜 그렇게 되는 걸까?
"우리 이제 가요! 좀만 더 가면 스트라호프 수도원이 나와요!"
아빠를 일으켜 세운 후, 팔짱을 꼈다. 사실 나는 팔짱을 낄 때마다 어색함에 몸 둘 바를 몰랐지만, 아빠는 좋아하셨다. 겨울에 팔짱을 낄 때면, 아빠는 내 손이 찬지 확인하고는 아빠의 주머니에 넣어주셨다.
"우리 딸, 손이 차네. 이러면 좀 따뜻하지?"
아빠에게도 이렇게 로맨틱한 남자의 모습이 있는데, 아빠도 한때는 사랑을 하던 남자였을 텐데, 나는 그걸 여태 몰랐다. 나에게 아빠는 항상 아빠였으니까. '무뚝뚝하고 애교도 별로 없는 딸들에게 그동안 얼마나 서운하셨을까?'

우리는 스트라호프 수도원을 둘러보고 바로 옆 양조장 겸 레스토랑에서 식사했다. 식사를 마치고, 계산하겠다고 하자 종업원이 영수증을 들고 와 아빠에게 건넸다. 아빠는 영수증을 나에게 주었다. 그러자 종업원이 내게 온 영수증을 아빠에게 다시 내밀었다.

"계산은 남자가 하는 거예요!"

그가 웃으며 말했다. 아빠는 그 말을 알아들을 수 없으니 영수증을 나에게 다시 건넸다.

"아니에요, 제가 할게요."

종업원은 이해할 수 없다는 표정으로 영수증을 아빠에게 다시 주려고 했다. 내가 돈을 꺼내자 그는 나에게 다시 한 번 강조했다.

"이런 건 남자가 계산해주는 거예요!"

결국 계산은 내가 했다. 그가 나를 '이제는 여자도 계산할 수 있습니다!'를 보여준 신여성으로 여기는 것 같진 않았다. 체코인들 특유의 농담을 생각하면, 그가 아빠랑 나를 연인 사이로 본 건 아닐 테지만 혹시 그랬더라도 기분이 나쁘지 않았다. 그만큼 우리가 친밀해보였단 걸 테니까?! 아빠와 딸이 연인 사이처럼 다정하고 사랑스러워 보인다면, 나름 성공한 게 아닐까?

"저 종업원이 우리를 연인으로 봤나 봐요. 하긴, 아빠랑 다 큰 딸이 여행하는 게 흔하진 않죠!"

"그래서 나한테 자꾸 영수증을 줬구나?"

"그랬나 봐요! 우리는 연인처럼 다정해 보이는 아빠와 딸!"

30년이라는 시간의 다리에 지치다

3

더위를 피해서 찾은 맥주의 도시 플젠

프라하에 온 이후로 폭염이 계속되었다. 한낮에 30도 후반을 웃도는데 에어컨은커녕 선풍기도 구경하기 힘들었다. 그나마 그늘에서는 견딜 만한데, 공원이 아니고선 그늘이 많지 않았다. 이런 날씨면 한국에서는 에어컨을 빵빵하게 틀고, 차가운 얼음물을 들이킬 텐데, 어떻게 선풍기 하나 안 트는지 모르겠다며 아빠는 부채질을 열심히 하셨다. 어딜 들어가도 푹푹 찌는 온도에 적응이 되지 않았다. 그래서 잠시 더위를 피해 프라하가 아닌 플젠에 갔다. '맥주 공장은 좀 시원하겠지.'

플젠은 2015유럽문화수도로 선정되어 다양한 행사를 선보이고 있었다. 오기 전부터 관련 기사들을 훑어보며 가봐야겠다고 벼르던 차였다. 일반 기차가 아닌 펜돌리노를 예약해서 올라 보니 좌석도 좋고, WI-FI도 되고, 심지어 물도 공짜로 주었다.

"좋은 기차인가 보네. 물도 주고, 시원하네."

아빠는 만족스러운 표정이었다. 우리와 마주한 자리에는 젊은 엄마와 어린아이가 탔다. 아이는 엄마와 이런저런 놀이도 하고, 먹기도 하며 즐거워했다. 아빠는 아이를 계속 힐끔힐끔 쳐다봤다. 지금 무슨 생각하시냐고 묻고 싶었지만, 혹시 너도 얼른 시집가라는 말씀을 하실까 봐 무서워 꾹 참았다. 그 말만큼 듣기 싫은 잔소리도 없으니까.

1시간 반가량 기차를 타고 가자 플젠역에 도착했다. 일단 필스너 우르켈 공장부터 찾았다. 문화수도로 선정된 덕인지 길바닥에 친절하게 화살표가 그려져 있었다. '오늘은 어렵지 않게 가겠군!'
그런데도 나는 입구를 잘못 찾아 샛문으로 들어갔다. 관광객이라고는 보이지도 않는 공장에서 직원에게 달려가 체코어로 말을 건넸다. 그는 놀라면서 내가 익히 들어온 레퍼토리를 내놓았다. 체코어를 할 줄 아냐? 얼마나 배웠냐? 어느 나라 사람이냐? 등등. 몇 마디 하지도 않았는데, 잘한다고 칭찬하는 그 사람 눈에는 동양인 여자가 체코어를 하는 게 신기한 모양이었다. 그는 완벽하지 않은 체코어로 대답하는 내게 계속 말을 건네며 친절하게 공장까지 데려다주었다.

플젠 맥주공장 안 식당에서 마신 맥주와 안주로 시킨 스마제니 시르

"즐거운 관광하세요!"
나는 고맙다고 인사하고 공장 리셉션에 들어갔다. 대기 공간에는 예상보다 많은 사람이 기다리고 있었다. 안내원에게 물으니 1시에 있는 영어 투어는 이미 예약이 다 찼다고 한다. 시간을 알아보고 왔지만, 이렇게 예약이 빨리 마감될 줄은 몰랐다. 이번에도 내 불찰이었다. 다음으로 이른 시간에 있는 게 '체코어 투어'인데,

그냥 해 봐?

아빠랑 상의한 끝에 2시 반에 있는 체코어 투어를 하기로 정했다. 일찍 도착해서 1시 투어여도 좀 기다렸을 텐데, 아무리 밥을 지금 먹는다 한들 2시 반 투어는 한참 기다려야 할 것 같았다. 나는 안내원에게 당당하게 "체코어 투어 티켓 주세요!"라고 말했다. 그녀는 몇 번이나 체코어 투어가 맞는지 물었다.

"맞아요. 체코어 투어할 거예요!"

그녀의 의심스러운 눈길에 나는 괜찮다고 말하며 아빠와 함께 식당으로 향했다. 쌉싸름한 필스너 맥주 한잔이 땡기는 푹푹 찌는 날씨. 공장 안에 있는 식당에 내려가자마자 필스너(Pilsner Urquell)와 감브리누스(Gambrinus)를 시켰다. 필스너의 본거지까지 와서 맥주를 그냥 지나칠 순 없었다. 아빠에게 체코 맥주 본연의 맛을 느끼게 해드릴 필요가 있다! 맥주만 마시면 심심하니까 안주로 스마제니 시르(Smažený sýr/치즈 튀김)를 주문했는데 역시나 내 선택은 탁월했다. 아빠는 치즈 튀김이 꽤 괜찮다고 말씀하셨다.

"이 음식은 사람들한테 권해서 실패한 적이 거의 없었어요. 아빠 딸이 좋아하는 음식! 스틱은 여기에 비교도 안 된다니까요."

아빠는 치즈 튀김을 몇 조각 드시더니 느끼하다며 포크를 내려놓았고 나는 맥주를 티끌 하나 남기지 않고 깨끗하게 비웠다.

"도브로우 후뜨(맛있어요!)"

계산하러 온 종업원에게 체코어를 건네자, 그는 어디에서 왔냐고 물었다.

"코레아(Korea)!"

그는 코레아라는 말에 북한이냐고 물었다. 이제 프라하에서는

'코레아'라고 하면 북한이냐고 잘 안 묻는데, 여긴 아직인 모양이었다. 나는 당당하게 "이쥐니 코레아(Jižní Korea)!"라고 대답했다. 남한에서 왔다니까 그는 바로 "휸다이(Hyundai), 삼숭(Samsung)"이라고 응대했다. '와, 장족의 발전이다! 한국 기업도 알고. 전엔 일본, 중국, 베트남 이야기했는데.'

아빠는 체코인 입에서 한국 기업 이름이 나오자 반가워했다.

"전엔 정말 서러운 일도 많았는데, 이젠 한국인이라고 하면 친절하게 대해주는 것 같아요."

기분 좋게 식사를 마치고, 공장 리셉션으로 가자 체코인들이 투어를 기다리고 있었다. 체코어 설명을 다 이해할 자신은 없지만, 일단 도전! '최대한 많이 듣고, 아빠에게 설명해드려야지!'

처음엔 의지에 불타 열심히 듣고 통역했지만, 시간이 흐르자 내 집중력과 아빠의 관심도가 떨어졌다. 그럴 줄은 알았지만, 우리를 전혀 배려해주지 않는 가이드의 빠른 설명을 따라가기 힘들었다. 가이드도 초반에는 '저 사람들은 뭐지?' 하며 우리를 힐끔거렸는데, 나중엔 별 신경을 쓰지 않았다.

그때부터 나는 듣고 싶은 것만 듣고, 흥미로운 사실만 골라 아빠에게 전했다.

필스너 맥주공장

소개관을 보고, 필스너 공장 내에서 운행하는 셔틀버스를 타고 필스너 병을 생산하는 공장과 영상관, 맥아를 추출하고 숙성시키고 발효시키는 공정관에 갔다가 마지막으로 저장고를

엄청 시원한 맥주 저장고에서 체코어 가이드 투어링
오크통에 저장된 맥주를 따라주는 안내원, 필터 안 된 맥주 시음

들렸다. 이전 공정관에서는 더위에 끓이는 열기까지 더해져 힘들었는데, 맥주 저장고에 들어오니 더위가 싹 가셨다.

"딸, 이제야 살 것 같다. 여기 참 시원해서 좋네."

다른 관에 비해 아빠의 집중력이 높아졌다. 나에게 가이드가 뭐라고 말하는지 묻기도 하고, 이것저것 자세히 살펴보셨다.

'그동안 더워서 힘드셨구나.'

에어컨을 그리워하던 아빠. 유럽여행을 시작하면서부터 계속된 더위는 제어 안 되는 몸과 더불어 아빠를 힘들게 한 모양이다. 좀 더 가벼워진 아빠의 발걸음. 나는 아빠를 뒤따라 천천히 걸으며 외쳤다.

"우리 저 컵에 맥주 한 잔 마셔요!"

투어가 끝날 무렵, 가이드는 필터 안 된 맥주를 마실 수 있는 컵을 주었다. 사람들은 오크통에 저장된 맥주를 한 잔씩 받아 마셨다. 톡 쏘는 시큼한 맥주 맛.

"와! 진짜 맛있다!"

여기저기서 맛있다는 소리가 들렸다.

"지금까지 마신 맥주 중에 이게 제일 맛있다!"

아빠는 한 잔으로 끝난 맥주가 아쉬운 것 같았다.

"제 것도 드세요~!"

꿀맛 같은 맥주를 다 마시고, 전시관을 둘러본 후 나온 바깥.

"저장고로 다시 들어가고 싶구나."

추운 곳에 있다가 나와서인지 따가운 햇살과 푹푹 찌는 열기가 더 살벌하게 느껴졌다. 그래도 어쩌랴? 다시 더위에 적응해야지.

체코에 와서 처음 맛본 에어컨 같은 시원함과 이별하기가 이리도 아쉬울 줄이야.
더위야, 제발 물러나라!

난 너희의 호구가 아니야

플젠에 다녀오니 해가 저물었다. 어디서 저녁을 먹으면 좋을까? 어학원 다닐 때 자주 갔던 식당이 떠올랐다. 비톤(Výtoň)에 있는 그 식당은 가난한 학생들에게 싸고 맛있는 한 끼를 제공했다. 가끔 그곳의 치즈 튀김이 그리워질 때가 있었다. 하지만 사람이 몰리는 시간이라 빈자리가 하나도 없었다. 거기다 식당에 동양인은 우리뿐이라서 모든 시선이 우리에게 집중됐다. 아빠도 부담스러웠는지 그냥 다른 곳으로 가자고 했다.
트램역에 서서 고민한 끝에 우 메드비드쿠(U Medvídků)로 결정했다. 개인적으로 좋아하는 식당이었는데, 요즘은 너무 알려져서 한국인이 많았다. 조금 꺼려졌지만, 더 고민하기엔 배가 너무 고팠다. 사람들로 가득 차 시끌벅적한 식당 곳곳에 한국인들이 눈에 띄었다. 우리 옆 테이블에도 대학생으로 보이는 남녀 학생들이, 맞은편에도 여자여행객들이 식사하고 있었다.
“오늘 하루 기차 타느라 힘들었으니까, 고기로 기운을 보충해요.

콜레노 먹어봐요! 돼지 무릎 살이 통으로 나와요."

콜레노는 겉은 바삭하고 속은 부드러운 돼지 무릎 살 고기였다. 이 식당의 콜레노는 다른 데보다 고기가 부드러운 편이었다. 아빠에게도 콜레노 맛을 알려드리고 싶었다. 주문한 맥주 두 잔이 먼저 나와서 목을 축이고 있자니 옆 테이블의 대화가 귀에 들려왔다. 일부러 들으려던 건 아닌데, 타국에서는 신기하리만큼 한국말이 잘 들렸다.

"이 집에서는 이걸 먹어야 해요. 그리고 맥주가 유명해요. 여기 맥주 아이스크림도 팔아요. 먹어봤는데, 맛있어요."

"그럼 오빠가 시키세요. 우린 잘 모르니까. 오빠가 추천해준 거 먹을게요."

"그럼 맥주 몇 잔이랑 맥주 아이스크림 숫자대로?"

프라하에서 처음 만난 사람들인 모양이다. 주문의 총대를 멘 남학생은 여학생들보다 먼저 프라하를 여행한 사람인데 여학생들에게 음식들을 다 안다는 듯이 설명하고 있었다. 당당하고 멋있게. 학생들이 화기애애한 분위기에서 끝없는 대화를 나누는 사이, 웨이터는 흰 종이에 작대기를 그어댔다. '적당히 마셔야 할 텐데….'

잘 익은 고깃덩어리가 큰 그릇에 담겨 나왔다. 처음 먹을 땐 나도 옆 테이블의 사람들처럼 '와' 하고 감탄했는데, 이제는 무덤덤하다. 아빠는 분명히 처음 봤을 텐데, 나 못지않게 덤덤한 표정이었다.

"제가 자를 테니까 드세요."

손가락이 아릴만큼 열심히 잘랐는데, 아빠는 생각보다 못 드셨다. 양이 작아 보이지만, 막상 먹다 보면 느끼해서 많이 먹질 못했다.

내가 가이드할 때 모셔온 어른들은 대부분 고추장을 꺼내 드셨다. 한국처럼 쌈을 싸 먹으면 좋겠다는 말씀과 함께. 고추장이 없는 아빠는 남은 맥주를 들이키고, 식사를 마치셨다.

족발이 생각나는 체코의
대표음식 콜레노

"딸, 많이 먹어. 아빠는 이제 배불러."

우리는 음식을 더 시키지 않고 일어섰다. 시끌벅적한 분위기도, 푹푹 찌는 식당 안도, 음식도 피곤함을 부추겼다. 웨이터가 우리 테이블에 놓인 영수증을 보고는 계산을 시작했다. 작대기 세 개. 누가 봐도 단순한 계산서. 나는 주문 전에 대충 계산해 둔 금액을 지갑에서 꺼낸 후, 웨이터의 입에서 정확한 금액이 불리기를 기다렸다.

우 메드비드쿠는 예전에
즐겨 찾던 식당이었는데….

"680코룬."

'엥? 뭐라고? 뭘 먹었는데 680이나 나와?' 콜레노 가격이 333코룬이고, 맥주 두 잔을 합쳐도 100코룬이 넘지 않는데, 700코룬 가까이 나온 게 도무지 이해가 안 갔다.

"왜, 이 가격이죠? 우리는 콜레노 하나랑 작은 맥주 하나, 큰 맥주 하나 시켰어요."

내가 체코어로 따져 묻자 웨이터의 얼굴에 당황한 기색이 역력했다. 내가 체코어를 할 줄은 몰랐겠지. 그는 우리가 시키지도 않은 메뉴를 언급하며 자신이 맞다고 우겼다. 아니 이건 대체 무슨 경우야?

"무슨 일이야? 뭐가 잘못 됐어?"

"자꾸 돈을 높게 불러요…. 지금 내가 한국인이라고 호구로 보는 거예요."

웨이터가 내 체코어를 못 알아들었나 싶어 메뉴판에서 우리가 시킨 메뉴 항목과 우리 앞에 놓여있는 잔들과 음식을 매치시켰다. 그릇에는 우리가 시킨 음식이 남아있었고, 맥주잔도 그날의 맥주를 시켰기 때문에 일반 맥주잔과 잔이 달랐다. 누가 봐도 우리가 시킨 메뉴와 테이블에 세팅된 것은 한 치의 오차도 없이 일치했다. 그는 어쩔 수 없이 다시 계산했다. 마이너스 200코룬. 그런데 다시 계산한 값도 안 맞았다. 이번엔 정말 화가 났다.

"왜 또 이 가격이죠?"

"빵값이 포함되어 있어요."

'빵이라니? 무슨 빵? 우린 빵을 먹은 적이 없는데!'

"아빠, 우리 빵 먹었어요?"

"아니, 빵 구경도 못 했는데, 뭔 빵?"

"저기요, 우린 빵을 먹은 적이 없어요! 심지어 이 테이블에는 빵 바구니조차 없다고요. 여기 빵 바구니가 어디 있나요?"

맥주도 들어갔겠다, 화도 났겠다, 어려운 체코어가 위기의 순간에는 신기하리만치 빠르게 튀어나왔다. 내가 따져 묻자 웨이터도 더는 우겨대지 못했다. 빵값을 마저 뺀 후, 원가격을 나에게 제시했다. 얼굴에 그늘이 지는 게 재수 없이 걸렸다는 표정이었다.

'와…. 어떻게 두 번이나 나를 속일 생각을 하지?' 한때는 굉장히 좋아해서 자주 갔던 식당이 이렇게 변한 게 기분 나빴다. 팁은커녕 준 돈조차 다시 가져오고 싶었다. '넌 오늘 운 좋은 줄 알아! 예전에 내 체코어가 물올랐을 땐, 어이없는 팁 요구에 체코 법까지 들먹였더니 웨이터가 그냥 보내준 적도 있어.'

얼마나 많은 사람이 호구로 당했으면, 이렇게 터무니없는 가격을 요구하는 걸까? 화가 나서 뒤도 안 돌아보고 식당을 나왔지만, 한편으론 옆 테이블에 있던 대학생들이 걱정되었다. 술을 엄청나게 마시던데, 부디 취해서 호구가 되지 않기를. 작대기 세 개인데도 속이려고 드는데, 작대기 여러 개는 부르는 게 값이지 않겠나. 역시 모르면 코 베인다더니, '여행지에서 절대 호구가 되지 말자!'는 다짐과 함께 씁쓸한 마음을 안고 숙소로 향했다.

헬렌, 이르카와의 깊고 아름다운 인연

"아호이(Ahoj), 챠우(Čau)"

헬렌과 이르카가 식당 안으로 들어오며 반갑게 나를 안아주었다. 헬렌은 여전히 해맑았다. 하지만 남편인 이르카는 좀 왜소해졌다.

헬렌, 이르카와 아빠의 첫 만남

아파서 작년 크리스마스에도 입원했다더니, 오늘도 병원에서 오는 길이란다. 그런데도 이르카는 나와 아빠를 반갑게 맞아주었다.

"아빠, 제 친구 헬렌이랑 이르카예요."

"우리 아빠야. 이번엔 아빠랑 왔어."

아빠가 체코인과 직접 대면하고 인사를 나눈 것은 이번이 처음이었다. 그들은 자리에 앉자마자 내 근황과 우리 아빠가 궁금한지 체코어로 질문을 쏟아냈다. 아빠는 내가 그들과 체코어로 대화를 나누는 모습이 신기한지 평소와 다르게 귀를 기울이셨다.

헬렌과 이르카를 처음 봤을 때만 해도 우리 인연이 이렇게 오래 갈 줄은 몰랐다. 어느덧 10년 차. 이르카도 매번 농담처럼 우리가 이렇게 오래 알고 지낼지 몰랐다고 말한다. 그도 그럴 게 헬렌을 처음 만난 그 시절, 내가 할 줄 아는 체코어는 간단한 인사말, 내 이름과 나이 정도였다. 앵무새처럼 교과서에 나온 전형적인 질문에 정해진 답밖에 못 하던 나는 대화의 대부분을 이해하지 못했다. 그런데도 무슨 용기였는지, 계속 만났다. 가끔 이르카가 처음 내가 한 말과 행동을 재연해 낼 때면, 쥐구멍에 숨고 싶을 만큼 부끄러워졌다. 내가 언제 그랬다고!

헬렌과의 첫 인연은 2006년으로 거슬러 올라간다. 어릴 적 바이올리니스트를 꿈꾸던 나는 음악이 주전공이 아니더라도 체코에 가면 꼭 음악을 해보고 싶었다. 드보르자크, 스메타나, 야나체크, 마르티누 등 클래식 음악으로 유명한 체코였기에, 그곳에 가면 음악에 대해 떨쳐 내지 못한 아픈 상처를 치유할 수 있을 것 같았다.

음악에 대한 미련은 나를 프라하로 이끌었다. 전공 덕분에 프라하에서 공부할 기회가 생기자 어떻게 하면 음악을 부수적으로 배울 수 있을까 고민했다. 그러다 우연히 들른 악기점에 붙은 바이올린 개인지도 전단이 내 눈에 들어왔다.

많은 악기 사이에서 그냥 지나칠 수도 있던 전단이 어떻게 눈에 띄었는지 지금도 신기하지만, 우리는 그게 운명이었고 인연의 시작이었다고 결론 내렸다.

당시만 해도 인터넷이 원활하지 않았고, SNS가 활성화되지 않았다. 프라하에 온 지 며칠 되지도

장난기 많은 이르카

않았던지라 내 체코어 실력은 왕초보였다. 사전을 보며 하고 싶은 말을 겨우 만들어 인터넷이 되는 곳에 가서 힘들게 메일을 보냈다. 신기하게도 헬렌은 내 서툰 글에 답장을 주었고, 우리는 안델(Anděl)의 한 식당에서 보기로 약속했다. 체코인들로 가득한 어두운 식당, 그곳에서 우리는 처음 만났다.

"호이 아레움(체코식으로 내 이름을 부름), 아호이! 뗴쉬 므녜(안녕, 만나서 반가워)."

"도브리 덴, 야 샘 아름 최, 뗴쉬 므녜(안녕하세요, 저는 최아름입니다. 만나서 반갑습니다)."

"호이 아레움, 줴요(호이 아레움이죠, 그렇죠)?"

"네, 이메누유 세 아름 최, 네니 호이 아레움(아니요, 제 이름은 최아름입니다. 호이 아레움이 아니구요)."

자꾸만 내 이름을 체코어식 그대로 발음하는 헬렌에게 나는 한국에서 온 최아름이고, 바이올린이 배우고 싶다는 말만 앵무새처럼 반복했다. 그런 나에게 헬렌은 웃으며 자신의 집으로 개인지도를 받으러 오라고 했다. 낯선 사람의 집을 의심 없이 방문한 것은 몰라서 한 용감한 선택이자 막무가내 정신이었다고나 할까. 지금이라면 그럴 수 있을까?

"아름, 네가 처음 우리 집에 왔을 때 나는 얼마 못 갈 거라 생각했어. 그런데 네가 계속 오더라고."

만날 사람은 어떻게 해서든 계속 만난다더니, 헬렌과 이르카는 나와 깊은 인연임이 틀림없다. 그때의 만남은 2007년, 2009~2010년, 2014년, 2015년까지 이어졌다. 프라하에 도착할 때마다 연락했다. 낯선 번호에다 갑작스런 전화에도 어눌한 내 체코어에 바로 "아름?"이라고 물어준 헬렌이 고마웠다.
"걱정하지 마세요. 우리가 아름이의 양엄마, 양아빠니까, 아름이 잘 보호할 거예요."
엄마와 이모를 만났을 때도 체코에서는 그들이 내 부모 노릇을 하고 있으니 걱정하지 말라며 보디랭귀지로 설명했다. 실제로 그들은 내게 무슨 일이 생길 때마다 도와줬고, 좋은 친구들을 소개해주기도 했다. 함께 연주도 하고, 음식도 만들고, 여행도 하고, 나에게는 둘도 없는 친구이자 가족이었다. 아빠에게 이런 말을 해주자 아빠는 그들에게 고맙다고 말했다.
"땡큐."
"아빠, 체코어로 데꾸유예요."
"됐구유."
"데꾸유. 발음 잘못하면 사투리처럼 들려요."
"데꾸유."
아빠의 어설픈 체코어에 장난기 많은 이르카는 모자를 벗으며 정중하게 답례를 했다.
"다음에 올 때는 리틀 아름이랑 같이 와. 이제 아름도 결혼해야지. 그렇죠, 아버님?"
"리틀 아름? 이거 내 아기 말하는 거야?"
"다음번엔 아름 남편이랑 아기랑 프라하에 와."
"하하하. 과연, 결혼을 할까?"
아빠에게 통역해드리자, 아빠도 제발 그랬으면 좋겠다고 동의했다. 아빠들 심정은 다 똑같은 모양이다. 나보다도 내 남편, 내 아이를 더 기대하는 게. 반면 헬렌은 자신들도 아기가 없다며,

헬렌, 이르카와 함께 한 추억의 공간
클럽 공연 중인 헬렌의 모습

괜찮다고 나를 위로했다.

"아름, 나는 요리도 못하잖아. 이르카가 내 요리 맛없다고 하지 말라고 해. 그래서 이르카가 요리도, 집안일도 다 하는 거 알지? 나는 바이올린만 하잖아."

이르카는 나에게 헬렌처럼 절대 그러면 안 된다고 말했다.

티격태격하면서도 여전히 서로를 끔찍이도 사랑하는 그들. '저런 사랑이 정말 가능한 거였구나.' 내 꽉 막힌 연애관을 바꿔놓은 그들의 사랑은 볼 때마다 대단하다.

이르카는 우리 아빠보다 나이가 많았지만, 헬렌은 30대 중반밖에 안 됐다. 그들이 나이 차를 극복한 것도 대단하지만, 더 대단한 건 헬렌이 이르카의 병까지 끌어안으며 사랑하고 있다는 것이었다. 이르카는 지병으로 목에 호스를 끼고 있었고, 목소리를 내지 못했다. 그런데도 헬렌은 그의 입 모양만 보고 통역을 해냈고, 그와 부부로서 살아가고 있었다. 엄마와 이모도 그들을 보고 처음에는 '어떻게 둘이 사랑하지?' 하고 의구심을 품었지만, 나중에는 "저 둘의 눈빛에서 꿀이 떨어진다. 엄청 사랑하나 봐."라고 말했을 정도니까.

포스 넘치는 헬렌의
공연 포스터

"나도 좋은 사람 만나면 헬렌과 이르카처럼 사랑하고 싶어."

"아름도 언젠가 소울메이트를 만날 수 있을 거야. 걱정하지 마."

맥주는 흐르는 빵이자, 약이다

"헬렌코, 아름 알지? 한국에서 온 바이올리니스트?"
헬렌과 이르카의 단골집이자, 내 지인들이 올 때마다 함께 간 식당. 우리는 이르카가 좋아하는 웨이트리스인 헬렌카의 이름을 본떠서 이 식당을 우 헬렌키(U Helenky/헬렌카의 집)라고 불렀다. 헬렌의 집 근처에 있는 작은 식당으로 현지인들만 가는 곳이어서 식당에 들어갈 때면 나에게 시선이 집중됐다. 헬렌은 그럴 때마다 나를 한국에서 온 바이올리니스트 친구라고 소개했다. 처음에 나를 경계하던 사람들도 헬렌과 함께 있으면 말을 걸었고, 연주를 기대한다는 얘기도 했다.

"헬렌코, 예쉬쩨 피보(맥주 한 잔 더)."
체코인에게 '맥주는 흐르는 물'과 같은 것이라고는 하지만, 방금 병원에 다녀온 이르카가 계속 맥주를 마시자 걱정이 되었다. 이르카는 잔이 비기 무섭게 계속 맥주를 시켰다. 아빠는 아직 한 잔도 다 안 비웠는데, 벌써 몇 잔째인지.
"이르카, 아픈데 맥주 계속 마셔도 돼? 아플 때 술 마시면 안 되잖아."
"아니야. 맥주는 독이 아니라, 약이야. 이걸 마셔야 나을 수 있어. 체코에서는 이게 약이야. 건강을 위해 맥주를 마시는 거야."

맥주가 밥이고
약이라는 체코에서
생산되는 맥주들

이르카의 말을 듣고 있자니, 김규진의 「프라하, 매혹적인 유럽의 박물관」에서 읽었던 구절이 떠올랐다. 선술집 우 플레쿠(U Fleků)의 벽서에 쓰여 있다는 말.

"우리 선조들도 맥주를 마셨고, 우리 아들들도 맥주를 마시며, 아들의 아들도 맥주를 마실 것이다. (중략) 죽을 때까지 마시고, 노래하자. 맥주를 마시고 죽는 자나 안 마시고 죽는 자나 죽기는 매한가지이다."

이르카는 맥주 한 잔을 더 시켰다. 언제나 차 아니면 체코식 코카콜라인 코폴라(Kofola)를 마시는 헬렌이 어쩔 수 없다는 표정을 지었다. 이르카는 약을 먹으면서도 맥주를 마셨다. 아빠도 이르카를 걱정스럽게 바라보자 헬렌은 이르카의 병에 대해 설명해 주었다. 의학용어로 가득한 말을 통역하기가 쉽지 않아서 중간중간 건너뛴 것도 많았는데, 아빠는 눈치껏 이해하셨다. 오히려 나보다 병에 대해 더 잘 알아서 설명까지 해주셨다. 아빠의 이야기는 계속됐고 내 통역은 아빠의 이야기 속도를 따라가지 못했다. '아빠가 이렇게 말씀이 많으신 분이셨나?'

이르카와 아빠는 생각했던 것보다 말이 잘 통했다. '나이와 병, 아빠로서 딸에 대한 생각' 등으로 공감대가 형성된 눈치였다. 아빠는 보디랭귀지로 이르카와 대화를 나눴다. 이르카도 목소리를 내지 못했기 때문에 보디랭귀지로 아빠에게 말을 했다. 두 사람의 대화는 꽤 길게 이어졌다. 어딜 가도 사람 사는 곳은 다 같고 사람들의 걱정, 근심, 고민도 나이대에 따라 비슷하며, 마음이 통한 사람들끼리는 눈빛만으로도 서로의 생각을 이해할 수 있다.

"아버님은 더 안 드세요?"

아르타임맘스 친구들과 함께 한 추억

"저는 한 잔이면 돼요."

"이걸 마셔야 건강해진다니까요."

"한국에서 맥주는 약이 아니에요. 건강해지려면 적당히 마셔야 해요."

맥주를 두고 밀고 당기면서, 우리의 대화는 오랫동안 계속됐다. 헬렌은 우리 엄마와 이모, 동생들과 함께한 추억을 회상했다. 다른 나라 언어로 다른 나라 사람과 대화하며 추억을 나눌 수 있음에 나는 감사했다. 아빠에게도 새로운 경험이었다.

"오늘 아빠는 딸이 자랑스러웠어. 저 사람들이랑 대화하는 게 신기하기도 했고. 공부시킨 보람이 있네. 요즘 젊은 친구들은 참 대단해. 이렇게 외국인들이랑 대화도 나누고, 친구도 하고. 그런데 이르카는 맥주를 좀 줄일 필요가 있어. 아무리 체코에서는 맥주가 약이라고 해도 그렇지, 아픈 사람이 너무 많이 마시더라."

아빠의 마무리는 이르카의 건강 걱정으로 끝이 났다. 술을 좋아하시던 아빠도 건강상의 이유로 술을 줄였기 때문에 이르카의 마음을 모르지는 않지만, 많이 아파 보이는 이르카가 나 못지않게 걱정스러웠던 모양이었다.

"헬렌을 위해서라도 오래 살아야지. 나도 내 건강과 가족을 위해 술을 줄였잖아."

우리 여행의 끝인 이탈리아에서 돌아오면 이전에 같이 연주하던 바이올린밴드 아르타임맘스(Artimemums) 친구들과 함께 다시 만나기로 했다.

헬렌과 이르카. 언제고 오랫동안 보고 싶은 사람들.

"이탈리아에서 돌아오면 친구들이랑 같이 연주하자. 여행 잘하고 와."

"챠우(Čau/안녕), 도브로우 체스타(Dobrou cesta/즐거운 여행 되길!)"

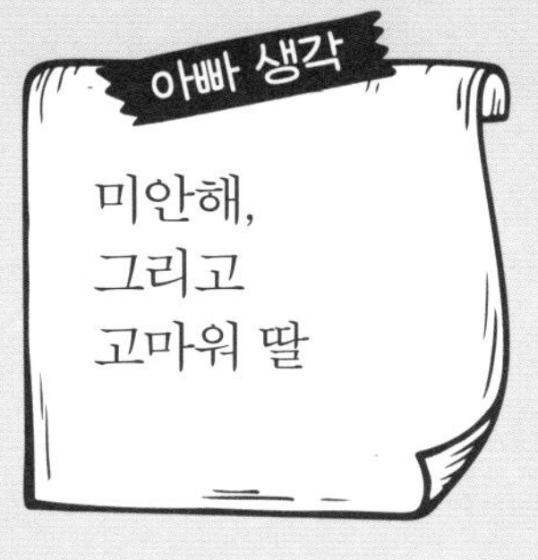

딸이 낯선 외국인들 사이에서 영어도 하고, 체코어도 하는 모습을 보니 내가 가르친 보람이 있구나 싶어 뿌듯했다. 바가지 씌우는 웨이터에게 따지는 것을 보면서는 '체코에서 열심히 살았구나.'라는 생각에 마음이 아프기도 했다. 평소에 힘들어도 별로 티를 안 내는 애라 몰랐는데, 체코에서 공부하겠다고 얼마나 고생했을지 짐작이 되었다. 딸에게 크게 바란 것도 없었는데, 늘 기대 이상으로 해준 게 대견했다. 헬렌과 이르카를 만나서도 옆에서 계속 통역해주는 딸을 보며 그동안 딸을 믿어주길 잘했구나 하고 생각했다. 우리 딸도 아빠를 믿고 있을까? 아빠 덕분에 행복할까? 딸이 원하는 대로 다 해주고 싶고, 건강히 잘 돌아다니고 싶은데, 몸이 내 뜻대로 안 된다. 예전엔 딸을 번쩍번쩍 들어 올릴 만큼 기운이 넘쳤는데, 언제 이렇게 약해진 걸까? 앞에서 맥주를 마시는 아픈 이르카의 모습이 남일 같지 않다. 이르카도 헬렌을 위해 오래오래 건강해야 할 텐데. 나도 여행하는 동안 아파서 딸에게 짐이 되진 말자고 다짐했는데, 허리가 아파 제대로 걷지도 못하니 벌써 짐이 된 것 같았다. 그런데도 딸은 크게 내색하지 않았다. 내가 하도 못 따라오니까 조금 삐지기도 했는데, 내가 잘못한 거니까. 미안해, 그리고 고마워 딸.

체코의 과거, 현재, 미래를 품은 비셰흐라트

"아빠를 모시고 어딜 가면 좋을까?"
헬렌과 이르카는 비셰흐라트(Vyšehrad)를 추천해주었다. 보기에는 한적한 공원 같지만, 체코의 신화와 체코 예술가들의 영감이 살아 숨 쉬는 곳으로 고요하고 한적하니 산책하기 좋을 거라면서.
나는 비셰흐라트가 좋았다. 우선 구·신시가지에서 다소 떨어져 있어 관광객이 적으니 사람에 치이지 않아서 좋았다. 그리고 내려다보이는 블타바강과 저 멀리 보이는 프라하 성의 뷰가 멋있어서, 한적한 분위기가 소박한 고성과 잘 어우러져서, 체코의 신화와 예술가들의 혼을 느껴볼 수 있어서 등등 이유는 많았다. 프라하에 오면 시간이 촉박해도 이곳만큼은 들렀다.
헬렌과 이르카는 우리를 비셰흐라트까지 차로 데려다주었다. 덕분에 편하게 왔다. 이곳에 수없이 방문했지만, 차를 타고 온 건 처음이었다.
"고마워! 데려다줘서!"
"아버님이 비셰흐라트가 마음에 드시길!"
"응, 마음에 드실 거야. 나처럼."
'높은 곳에 있는 성'이란 뜻의 비셰흐라트에는 체코 최고의 로마네스크 양식을 보유한 로툰다와 성 페트르와 파벨 교회, 옛 성곽 등이 남아 있다. 하지만 하이라이트는 뭐니 뭐니 해도 공동묘지였다. 체코의 유명인들이 잠든 묘지는 우리가 생각하는 것만큼 스산하고 무서운 곳이 아니라 야외에 있는 조각 박물관 느낌이다. 죽은 자를 위한 또는 죽은 자가 원한 메시지를 담고 있는 묘지와 묘비 하나하나가 예술품이었다. 죽은 자들은 눈을 감고 땅속에 묻혀 있지만, 영혼은 묘지 위의 비문이나 조각상을 통해 살아 있는 것 같았다. 묘지 앞에 서서 이들이 전하고자 한 메시지를 읽어 내거나 유추해내는 일은 생각보다 흥미로웠다. 남들은 그냥 빠르게 지나치는 묘지에 나는 몇 시간씩 머물곤 했다. 삶과 죽음의 경계, 과거와 현재의 경계, 그 사이에서 나의 미래를 떠올렸다. 이상하리만큼 마음이 평온해졌다.

비셰흐라트는 체코의 과거, 현재, 미래가 한곳에 어우러진 곳이다. 나에게도 그런 곳이다. 성곽에서는 과거가, 내가 서 있는 지점에서는 현재가, 공동묘지에서는 미래가 그려졌다. 이곳에서만큼은 나와 대화를 나눌 수 있었다.

'나는 어쩌다 낯선 체코를 좋아하게 된 걸까? 무엇이 나를 이리도 매혹하는 걸까? 한두 번 와본 곳도 아닌데, 올 때마다 신비롭고 궁금한 걸까? 다른 공부나 일을 하면서도 체코를 내려놓지 못하는 건 프라하가 나에게 어떤 마법을 걸었기 때문일까? 프라하에 살면서 얼마나 많은 시행착오를 겪으며 희로애락을 느꼈던가?'

이제는 곰곰이 생각해야 떠오르는 순간들이 사뭇 그리워졌다. 성곽 주변의 벤치에 가만히 앉아 있을 때면 파릇파릇하던 그 시절이 떠올랐다. 아무것도 모르는 채 낯선 나라에서 살아가야 했던, '나'라는 아집에 갇혀 있던 어린애. 그 아이가 이제 나이를 먹고, 과거의 아이와 마주하며 추억을 회상한다. 지금은

체코의 신화, 예술가들의 영감이 살아 숨쉬는 비셰흐라트

KARLOV
NUSELSKÝ
MOST

조각 박물관 같은 느낌을 주는 공동묘지

사라져버린 모습이, 이제는 뜨거운 물에 데쳐져 풀이 죽고 익은 애가 여기서만큼은 낯설게 느껴졌다. '언제 이렇게 나이가 들었지? 그땐 내가 이만큼 나이 들어서 여기 다시 올 줄 상상이나 했을까?' 아빠와 이곳에 오리라고는 생각도 못 했다. '언젠가 우리 가족들에게도 이 전경을 보여줘야지. 내가 이렇게 프라하에서 살았다고 보여줘야지.' 막연히 생각은 했지만, 현실이 될 줄은 몰랐다. 과거의 나와 현재의 내가 드디어 하나가 되었다. 향수병에 걸려 힘들었을 때, 집에 전화를 걸어 "정말 잘 지낸다."고 애써 웃던 그때의 길을 아빠와 함께 걸으며, 그 시절 내 어깨를 토닥여줬다. 부모님이 걱정하실까 봐 울고 싶고, 징징대고 싶은 속마음을 잘 참아낸 어린애가 대견해서. 덕분에 아빠에게 지금 이렇게 웃으며 이야기할 수 있음에 감사하며.

"아빠, 제가 얼마나 잘 먹고 잘 지냈었는데요! 프라하에 살 때 인생 최고의 몸무게를 찍었잖아요!"

아빠는 웃으셨다. 아빠는 알까, 내가 아빠를 여기에 데려온 이유를? 뭐, 몰라도 좋다. 그냥, 이곳에 아빠와 함께 왔다는 사실만으로도 나의 추억은 증명되었고, 또 다른 추억이 나만의 앨범에 끼워졌으니까. 아빠가 비셰흐라트를 기억해주는 것만으로도 이곳에 온 의미는 충분했다.

고장나버린 아빠의 배꼽시계

처음에는 비상식량을 싸갈 필요 없다던 아빠가 여행일이 가까워지자 은근슬쩍 싸갈 수 있는 인스턴트 음식들을 언급했다. 그럴 때마다 엄마는 유럽에 가면 유럽 음식을 먹어야지 하셨고, 동생들은 짐 늘리지 말고 거기서 사 먹으라고 반응했다. 나 역시 유럽 음식이 입맛에 잘 맞는지라 좋아하지도 않는 인스턴트를 챙길 생각은 아예 없었다. 그런데 엄마는 결국 아빠가 걱정되셨는지 마트에서 몇 가지 식품을 사 오셨다. 튜브 고추장, 라면 몇 개, 선식, 견과류 등등.

"너희 아빠는 간식거리 틈틈이 드셔야 해. 중간중간 물이랑 주전부리 꼭 챙겨드려! 너 배 안 고프다고 안 먹지 말고. 먹는 것은 절대 아끼지 마!"

떠나기 전날까지 엄마랑 동생들에게 귀에 못이 박이게 들은 말.

"아빠 식사는 제시간에 꼭 잘 챙겨 드려야 해! 절대 굶지 마!"

무언가에 빠져 집중하다 보면 밥때를 놓쳐버리기 일쑤인 나.

"설마…. 제가 아빠를 굶기겠어요?"

"응!"

이미 나랑 여행을 해본 적이 있는 엄마와 동생들은 내가 여기저기 돌아다니다가 혹시라도 아빠의 식사를 거르게 할까 봐 걱정되는 모양이었다. 아빠의 '식사'는 이번 여행길에서 아침 식사 챙기기

미션과 함께 주어진 절대적인 의무였다. 가족들은 나에게 몇 번이고 약속을 받아 냈다.
"네, 절대 안 굶기고, 제때 밥 먹겠습니다."

"엄마! 아빠는 배가 안 고프대요."
가족 모두 처음에는 그 말을 믿지 않았다. 아빠가 딸 생각해서 거짓말을 한다고 생각했다. 그런데 하루, 이틀, 사흘…. 시간이 흘러도 계속 같은 말을 하자, 이제는 믿어야만 할 것 같았다.
"왜 배가 안 고프세요? 진짜로요? 배고프시면 말씀하세요. 설마 제가 아빠가 배고프시다는데 굶기겠어요?"
나 혼자였으면 하루 삼시 세끼를 다 챙기는 날을 손에 꼽았을 것이다. 하지만 아빠 식사는 꼭 챙겨야 한다는 미션을 받았기 때문에 "조식은 필수, 점심은 간단한 음식 또는 디저트, 저녁은 거하게"라는 공식을 거의 매일 이행했다. 덕분에 나는 평소 여행에서는 상상 못 할 만큼 음식을 풍족하게 즐겼다. 길거리 음식이 아닌 레스토랑 음식을 먹었고, 마트에서 사 먹는 게 아닌, 카페나 선술집에서 파는 음료와 맥주를 마실 수 있었다. 나에게는 말 그대로 호사였다. 이번 여행에서는 그 어느 때보다 더 잘 먹는데도 나는 배가 자꾸 고팠다. 반면에 아빠는 자꾸만 배가 안 고프다고 말씀하셨다. 분명 삼시 세끼 다 챙겨 드셔야 한다고 하셨는데, 식사 텀이 점점 길어지더니 어떤 날은 두 끼만 먹는 날도 생겼다. '혹시 아빠에게 무슨 일이 생긴 걸까?'

여행 5일 차. 아빠는 결국 가방 깊숙한 데서 고추장을 꺼내셨다.

"그까짓 것 유럽 음식 먹을 수 있어!"라고 외치던 아빠가 백기를 드셨다. 아침 식사가 차려진 식탁 한쪽에 소심하게 올려진 고추장 튜브. 아빠는 빵에 잼과 치즈 대신 고추장을 발라 드셨다. '왜 이 맛있는 치즈 대신에 한국 가면 널리고 깔린 고추장을 발라 드시는 걸까?'

"빵에 고추장 바른 게 맛있어요? 안 짜요?"

"그럼, 치즈보다 훨씬 맛있다!"

나도 한식을 좋아하고, 고추장을 사랑하는 한국 여자지만, 유럽에 있는 동안 빵에 고추장을 발라 먹고 싶다는 생각은 전혀 들지 않았다. 오히려 한국에서는 비싸거나 먹기 힘들지만 유럽에서는 저렴한 음식들을 맘껏 먹고 싶었다. 그래서 매일같이 느끼하고 기름진 음식을 거부감 없이 받아들였다. 내 신체는 유럽 음식에 이미 완벽하게 적응했고, 심지어 한국에서보다 더 잘 먹고, 더 많이 먹었다. 나와 반대로 아빠의 신체는 아빠 의사와 상관없이 음식들을 강력하게 거부하고 있었다.

"진짜로 배가 안 고픈 거예요? 오늘 이렇게 많이 걸었는데?"

"모르겠어. 음식이 소화가 안 되나 봐. 배가 계속 더부룩해."

"그럼 중국식당 가보실래요? 한식보단 못하겠지만 쌀밥을 먹을 수 있어요!"

그날 저녁 나는 아빠와 함께 팔라츠케호 나메스티(Palackého náměstí) 인근 중식당을 찾았다. 저렴한 가격에 쌀밥을 먹을 수 있는 중식당은 유학 시절 한식이 그리워질 때면 자주 찾던 곳 중 하나였다.

"도브리 덴!"

인사를 건넨 뒤, 창가 쪽 빈자리에 앉았다. 별로 돌아다니지도 않았는데 아빠는 벌써 지쳐보였다. 일반 체코 식당과 달리 사진으로 가득한 메뉴판에도 별 관심을 보이지 않았다.
"알아서 시키렴."
몇 가지 메뉴를 놓고 고민하다가 가장 무난한 쿵파오와 새우볶음밥을 주문했다. 한식은 아니지만 아시아 음식이니 이번엔 맛있게 드시겠거니 했다. 내 예상은 보기 좋게 빗나갔다.
"이거 왜 이렇게 짜? 여기 양파는 안 주니? 중국집에 음식 시키면 양파 주잖아."
"아빠…. 여긴 한국 중식당이 아니에요…."
"그럼 반찬을 하나도 안 주는 거야? 이 짠 음식만 먹어야 하는 거야?"
이번에도 실패였다. 여행길에서 아빠 입맛은 생각 이상으로 까다로웠다. 내 입맛은 한국에서와 달리 거리낌이 없어졌는데 아빠는 음식을 가리셨다. 어느 순간 서로의 식성이 바뀌었다. 아빠와 나의 배꼽시계는 반대로 돌아가는 듯했다. 나는 배가 고팠고, 아빠는 배가 고프지 않았다. 어떻게 이렇게 바뀌지? 결국

중국식당에서 먹은
새우볶음밥과 쿵파오

한국 식료품점에 들렀다. 아빠의 사라진 입맛을 살려낼 작은 희망을 그냥 지나칠 수 없었다.

"드시고 싶은 것 있으면 골라보세요!"

"난 괜찮은데…."

괜찮다는 말과는 달리 아빠의 발은 이미 작은 식료품점을 빠르게 둘러봤다.

"여기 별것이 다 있다. 신기하네. 이 먼 나라에 없는 게 없어. 반갑다 여기."

아빠는 감탄하면서도 무언가를 쉽게 고르지는 못했다. 나는 아빠의 간절함을 꿰뚫어 보는 혜안으로 햇반과 김치를 샀다.

'여기서 김치를 사게 될 줄이야.'

"아빠! 기분 좋으시죠?!"

프라하에서의 마지막 저녁, 아빠는 햇반과 김치라는 든든한 지원군을 데리고 기분 좋게 숙소로 향하셨다. 그리고 휴식을 취한 후 다시 나오겠다는 약속을 잊으신 채, 그대로 잠이 드셨다. 그렇게 프라하의 밤은 김치와 함께 익어갔다.

아빠는 그날 꿈에서 한식을 드셨을까?

같은 곳을 걸으면서도 다른 곳만 바라봤다

오늘은 슬로베니아로 가는 날이다. 비행기 시간이 저녁이라 반나절 여유가 있었다. 어딜 가면 좋을까 고민하다가 요세포프(Josefov) 지역을 떠올렸다. 유럽 최대의 유대인 지구인 요세포프는 프라하에 거주했던 유대인들의 역사와 문화를 살펴볼 수 있는 곳이다. 구스타프 마이링그의 「골렘」 속 진흙인간인 골렘이 탄생한 배경이 된 곳이기도 하다. 곳곳에 있는 시나고그나 유대인 묘지들이 프라하라는 도시가 지닌 또 하나의 아픈 역사를 보여준다. 프라하의 화려한 명성 이면에는 누군가의 슬픔과 아픔이 도시를 짓누르고 있다.

나 역시 처음엔 프라하의 화려한 외면에 반했지만, 알면 알수록 도시의 어두운 흔적들이 눈에 들어왔다. 사람들의 두 눈을 멀게 한 화려한 불빛이 도시를 직시할 수 없게 만든다는 것도 깨달았다. 요세포프도 그런 곳 중 하나가 아닐까? 주변에 즐비한 명품 가게와 부티크 가게가 이목을 사로잡지만, 정작 요세포프를 제대로 들여다보고자 하는 사람은 드물다.

나는 아빠에게 프라하의 이질적인 문화를 보여주고 싶었다. 성도, 성당도, 교회도 다 그게 그거 같다는 아빠를 위해 시나고그를 보여드리고 싶었다. 사람들이 그냥 지나치는 이곳을 아빠가 구석구석 봐주길 바랐다. 여유가 있다면 카프카 문학 투어도 하고

유럽 최대의 유대인 지구 요세포프의 스페인 유대인 회당

유대인 관련 박물관으로 쓰이는 클라우스 시나고그

싶었다. 하지만 아빠의 걸음은 어느 때보다도 더 느리고 무거웠다. 오늘따라 태양의 열기는 더욱더 뜨겁게 타올랐고, 무더웠다. 폭염이었다. 아빠는 요세포프 구역까지 몇 번을 가다 서다를 반복했다. 그럴 때마다 나는 챙겨온 간식거리를 아빠에게 건넸다. 아빠와 나 사이는 여느 때와 다르지 않았다.

하지만 떠날 시간이 다가올수록 내 마음이 급해졌다. 보여드릴 것은 많은데, 자꾸만 뒤처지는 아빠를 보니 답답함이 밀려왔다.

"아빠, 조금만 더 힘을 내세요!"

조금만 더 가면 되는데, 목적지가 눈앞에 있는데, 나는 자꾸 결승선에 도달하지 못하고 멀어져만 가는 기분이었다. 결국 아빠는 목적지를 코앞에 두고 주저앉았다.

"아빤 여기 앉아 있을 테니까 혼자 보고 와."

순간, 그동안 참았던 감정들이 순식간에 터져버렸다. 아빠가 걷는 게 불편하단 걸 머리로는 이해했지만, 내 마음은 온전히 받아들이지 못했다.

"이걸 제가 보려고 온 게 아니잖아요. 저는 여기 수십 번도 더 왔어요. 아빠한테 여기 보여드리려고, 내가 가고 싶은 곳 다 포기하고 온 건데…. 내가 가고 싶은 곳은 하나도 못 갔다고요!"

아빠와 나 사이에 냉랭한 기운이 흘렀다. 나도 아빠처럼 바닥에 주저앉았다. 더 볼 것도 없다. 어차피 아빠는 내가 보여주려는 것들에 관심도 없다.

"그냥 여기 앉아 있다가 가고 싶을 때 가요. 시간도 얼마 안 남았는데."

화가 쉽사리 수그러들지 않았다. 여행하는 동안 아빠에게 착한

캄파 섬의 옐로우 펭귄 작품
블타바강에서 보트를 타는 사람들

딸이 되겠다고 몇 번이고 다짐했는데 내 결심은 허무하게 무너져버렸다.

"딸, 화났어?"

류블랴나로 가려고 중앙역에서 공항 가는 버스를 타서도 화난 마음이 다 풀리지 않았다. 아빠에게 많은 것을 보여드리고 싶은 내 마음을 몰라준다는 생각에 섭섭했다. 오기 전부터 열심히 준비했는데 아빠의 느린 속도 때문에 여행 내내 계획대로 되는 게 없는 것 같아 속상했다. '아빠도 나를 따라다니느라 힘드셨겠지만, 아빠를 모시고 다닌 나도 힘들었는데….' 누군가에게 인정을 받으려고 한 여행은 아니지만, 아빠만큼은 내 마음을 알아주길 바랐다. '좋으면 좋다, 잘했으면 잘했다, 맛있으면 맛있다, 멋있으면 멋있다, 재미있으면 재미있다'라고 적극적으로 반응해주면 좋겠는데 아빠는 시종일관 무표정, 무반응이셨다. 가끔 표현하시는 거라고는 '힘들다, 아프다, 그만 가자, 숙소 가자' 같은 말밖에 없었다. 평소 말이 많은 편도 아닌데 아빠가 심심하실까 봐 이런저런 이야기를 하면 최소한의 반응이라도 보여주시지. 아빠는 폭염에 쉽게 피로하셨고, 어딘가에 앉아 있을 때면 아무 말씀 없이 한 곳만 응시하셨다. 내가 말을 하다 간혹 질문을 던지면, 아빠는 자꾸 다른 말을 했다.

거리에서 만난
골든 리트리버

난생처음 하는 아빠와의 여행이 쉽지 않으리라 예상은 했지만, 여행 초반부터 이렇게 힘들 줄이야. 어린아이도 아니고, 성인인 내가 24시간 아빠와만 함께하는 게 어디 쉽겠나? 하루도 아니고 무려 3주를. 아무리 서로를 잘 아는 아빠와 딸이라고 해도 습관부터 가치관, 행동, 말투 등 하나부터 열까지 조금씩 충돌이 생겼다. 우리는 같은 곳을 함께 거닐면서도, 서로 다른 곳을 바라보며 다른 생각을 하는 것 같았다. 아빠와 나 사이에 놓인 30년이라는 시간의 다리는 건너다 지쳐 쓰러질 만큼 길었다.

공원 벤치에서 여유를
즐기는 사람들

아빠와 여행하는 게 벅찰 때마다 곳곳에서 마주친 여행객들이 부러웠다. 거의 연인이나 또래 친구들 혹은 혼자 여행하는 사람들이었다. '아빠랑 다 큰 딸의 여행 조합이 괜히 드문 게 아니야. 사람들이 왜 아빠랑 단둘이 여행한다고 했을 때 의아해했는지 알겠다. 내가 지금 아빠를 데리고 다니는 건지, 아이를 데리고 다니는지….'

이런 마음을 공유할 사람도 없으니 답답함만 날로 쌓일 뿐이었다. 나도 연인이나 또래 친구들과 함께 다니며 공감대를 느끼고 싶었다. 아니 혼자 다니며 아무런 책임감도 의무감도 없이 자유로운 영혼이 되고 싶었다.

지금 내 어깨에는 온갖 짐들이 자리하고, 발걸음은 무거웠으며,

자유와 평화에 대한 염원을 담은 존 레논 벽

DEVO ANDARE
DOVE SUCCEDONO
LE COSE
JOHN MOULSON

사랑의 자물쇠 울타리

머릿속은 온통 다음 일정들을 어떻게 탈 없이 소화할지에 대한 걱정으로 복잡했다. 여행이 아니라 일이다. '나는 여행을 하고 싶었다고.' 그 순간 울컥 눈물이 날 뻔했지만 아빠 앞에서 그럴 순 없었다. 나는 애써 눈물을 삼키며, 다시 한 번 마음을 가다듬었다. '아니야. 앞으로 나아지겠지. 아직 맞춰가는 과정인 거야. 아빠도 나도 더운 날씨에 지쳐서 그래. 괜찮아. 괜찮아질 거야.'

아빠의 애끓는 사모곡

공항으로 가는 버스 안은 에어컨이 나오지 않아 찜통이었다. 냉랭했던 마음이 온도 때문에 조금 사그라들었다. 아빠는 변함없는 표정으로 물끄러미 창밖을 보며 생각에 잠기신 듯했다.

'그래, 다 큰 딸이 투정 부리면 안 되지. 아빠도 얼마나 힘들고, 속상하시겠어. 인제 그만 풀자.'

"아빠."

적막을 깨고 내가 먼저 아빠를 불렀다. 그러면 아빠가 내 이름을 불러줄 것이고, 그때 아빠한테 미안하다며 냉전을 풀어야겠다는 마음이었다. 그런데 아빠의 입에선 생각지도 못한 말이 나왔다.

"오늘이 할머니 생신이야."

망치로 머리를 한 대 얻어맞은 기분이었다. '할머니 생신이라니? 오늘이?!' 난 할머니의 생신이 여름의 어느 날인 것만 알고 있었다. 할머니 생신 때 시간이 나면 종종 가족들과 할머니 댁에 가서 식사하곤 했지만, 그날이 언제인지 정확히 기억하진 못했다.

순식간에 전세가 역전됐다. 아빠에게 너무나 죄송했다. 할머니가 돌아가신 지 얼마 되지 않은 시점에서 아빠가 오늘 하루 얼마나 마음이 아프셨을까?

"아빠, 몰랐어요. 죄송해요."

아빠는 말없이 창밖만 바라보셨다. '오늘 내내 그 생각을 하셨던

걸까? 그래서 유난히도 힘들어하셨던 걸까? 난 그것도 모르고 아빠에게 내 마음도 몰라준다고 화를 낸 건가?' 갑자기 나는 철없는 딸이 되어버렸다. 조금이라도 아빠 입장에서 '왜'라고 질문해봤더라면.

이 세상에서 다시 만날 수 없는 할머니. 아빠는 타국에서도 계속 할머니를 추억하셨던 거다. 할머니와 여행 한 번 제대로 해본 적 없었다던 아빠. 언제나 우리에게 시간 되면 할머니와 다 같이 사진도 찍고 여행도 가자고 말씀하셨던 아빠의 바람은 끝내 이루어지지 못했다. 그래서였을까? 유독 부모를 모시고 여행 온 가족을 바라보며 부러운 눈길을 보내셨다. 아빠는 나와 여행을 다니면서 내내 돌아가신 할머니를 그리워하셨던 걸까? 할머니에 대한 그리움을 직접 말씀하신 적은 없지만, 이 순간 아빠가 꼭꼭 숨겨두었던 마음이 차창에 비치는 듯했다.

아빠는 여행 내내 할머니를 그리워하고 있었다

아빠에게서 어린 소년을 떠올렸다. 자신의 곁을 떠나 다시는 만날 수 없는 엄마를 잊지 못한 채 매일 같은 장소에서 엄마를 기다리는 소년, 저 멀리 있는 엄마를 말없이 남몰래 그리워하는 소년.
아빠에게 하지 못한 위로를 나는 소년에게 해줬다.
"힘들 땐 누군가에게 기대도 돼. 내가 조금이나마 힘이 되어 줄게. 아픈 마음이 치유되면, 소년이 아닌 듬직하고 씩씩한 아빠로 되돌아와 줘. 언제나 그 자리에 있을 거니까, 늦어도 괜찮으니까, 기다릴게. 아빠."
뉘엿뉘엿 지는 노을빛이 유난히도 슬퍼 보이는 날이었다, 오늘은.

Part3.

아빠와 함께
알아가는
낯선 세상,
슬로베니아

AUSTRIA
HUNG
ITALY
SLOVENIA
CROATIA
LJUBLJANA
ZAGREB
Gulf of Trieste
Murska Sobota
Lendava
Pesnica
Dravograd
Drava
Mura
Maribor
Ljutomer
Slovenj Gradec
Ptuj
Ormoz
Jesen
Radovljica
Slovenska Bistrica
Velenje
Bovec
Savinja
Soca
Kranj
Kamnik
Celje
Rogaska Slatina
Tolmin
Trbovlje
Domzale
Sava
Brezice
Nova Gorica
Legatec
Krka
Postojna
Novo Mesto
Sezana
Ribnica
Pivka
Kocevje
Metlika
Koper
Izola
Crnomelj
Kupa

유럽의 알프스 산맥과 지중해를 접하고 있는 작은 유럽 국가지만 호수, 동굴, 숲, 해변, 섬, 산 등 천혜의 자연 경관을 지니고 있어 여행에 지친 발걸음을 멈추고 쉬어가고 싶은 나라 아름다운 자연과 함께 한적한 여행을 하고 싶은 사람들에게 좋은 나라이다.

슬로베니아 주요 여행 장소

1 류블랴나(Ljubljana): 슬로베니아 중심에 위치하고 있는 수도
2 용의 다리(Zmajski most): 4마리의 용 조각이 있는 다리
3 중앙 청과물 시장(Glavna tržnica): 야채와 과일, 꽃 등을 파는 노천 시장
4 성 니콜라스 대성당(Stolnica Sv. Nikolaja): 성 니콜라스를 기리기 위해 건립한 성당
5 류블랴나 성(Ljubljanski grad): 류블랴나 시내를 내려다볼 수 있는 언덕에 있는 성
6 프레셰르노브 광장(Prešernov trg): 슬로베니아 대표 민족시인 프란체 프레셰렌 동상이 있는 곳
7 프란체스코회 교회(Frančiškanska cerkev): 바로크 양식의 분홍색 외관을 지닌 교회
8 메텔코바 예술촌(AKC MetelkovaMesto): 그라피티와 다양한 오브제, 예술가들의 아뜰리에가 밀집해 있는 곳
9 포스토이나(Postojna): 카르스트 지형으로 유명한 슬로베니아 남서부 도시
10 프레드야마 성(Predjamski grad): 포스토이나 동굴 인근에 있는 동굴성
11 포스토이나 동굴(Postojnska jama): 세계에서 두 번째, 유럽에서 가장 큰 거대 종유동
12 블레드(Bled): 알프스의 눈동자라 불리는 슬로베니아 북서부 휴양지
13 블레드 성(Blejski grad): 드라마 흑기사 촬영지였던 오래된 고성
14 성 마틴 교회(Župnijska cerkev sv. Martina): 네오 고딕 양식의 아름다운 교회
15 블레드 호수(Blejsko jezero): 알프스 산자락 아래 위치하고 있는 빙하호
16 블레드 섬(Blejski otok): 블레드 호수 위에 떠 있는 섬
17 성모승천 교회(Cerkev Marijinega vnebovzetja): 블레드 섬에 있는 바로크 양식의 교회
18 피란(Piran): 아드리아해 피란반도에 위치한 슬로베니아 남서쪽 항구도시
19 성 유리야 교회(Cerkev sv. Jurija): 1344년 피란의 수호성인 성 조지를 기리고자 설립한 교회
20 요새(Piransko obzidje): 피란의 구시가를 내려다볼 수 있는 오랜 성벽
21 타르티니 광장(Tartinijev trg): 18세기 바로크 음악 작곡가이자 바이올리니스트인 타르티니 동상이 있는 곳
22 코페르(Koper): 슬로베니아 연안에 위치한 상업 항구 도시

아빠도 젊을 때가 있었는데

4

계획대로 다 된다면 그게 인생이겠어?

'드디어 슬로베니아에 왔구나!' 아빠와의 유럽여행을 계획하면서, 내심 가장 기대한 나라, 슬로베니아. 밤늦게 도착해 깜깜한 도시만 볼 때는 별 느낌이 없었는데 아침이 되자 차츰 감춰둔 모습을 드러냈다. 창가에 앉아 체코에서는 맛보지 못했던 호텔 조식을 먹으며, 거리를 내려다보았다. 한적한 도로, 여유롭게 걷는 사람들. 그들의 표정은 어느 도시 사람들보다도 밝아 보였다. 기대된다, 이 도시.

조식이 너무 맛있어서 몇 접시를 가져다 먹었는지 점심을 걸러도 될 것 같은 포만감이 느껴졌다. 아빠는 적잖이 놀라셨다.

"그렇게 맛있니? 한국에서도 그렇게 아침 좀 먹어라."

"네, 맛있어요! 크루아상과 크림빵! 크루아상은 제가 먹어본 것 중에 최고로 맛있어요! 그리고 멜론, 정말 달아요~ 아빠도 드셔보세요!"

"아니다, 많이 먹어. 아빠는 배불러."

"겨우 이거 드시고요? 왜 더 안 드세요? 입에 안 맞으세요?"

나는 유럽만 오면 입맛이 돌았다. 하지만 아빠는 일주일째 이어지는 서구식 아침 식사에 물리셨나 보다. 통 드시질 않았다. 아빠 몫까지 먹은 내 몸이 불어나는 소리가 들렸다.

용의 다리를 지나며 찍은 풍경
성 니콜라스 대성당의 천장화

호텔 근처에 있는 시외버스터미널은 작았지만 있을 건 다 있었다. 매점에, 각종 여행 정보에, 친절한 직원들까지. 바로 옆에는 기차역이 있어서 이동이 편리했다. 아빠의 체력 비축을 위해 슬로베니아에서는 류블랴나를 거점으로 숙소 이동 없는 일정과 루트를 짰다. 작은 나라라서 포스토이나, 블레드, 피란은 류블랴나에서 3시간 내로 갈 수 있었다. 버스 시간표를 확인한 후, 우리는 지도를 들고 본격적으로 류블랴나 도보여행을 시작했다. 반나절이면 다 돌아본다는 사전 조사에 따라 천천히 둘러본 후 모처럼 쉬기로 했다. 어디까지나 아침 계획은 그랬다. 지도상으로 주요 거점들이 멀지 않았으니까. 최종 목적지는 류블랴나 성!

'딱 성까지만 찍고 오자!'

시작은 나쁘지 않았다. 호텔에서 멀지 않은 곳에 용의 다리가 있었고, 다리를 지나자 중앙 청과물 시장과 성 니콜라스 대성당이 보였다. 프라하에 비하면 충분히 걸을 만했다. 류블랴나는 작고 아담했다. 관광객도 거주민도 다른 곳에 비해 많지 않았고, 길에서 마주한 사람들의 표정도 밝고 친절했다. 사람들이 자꾸 쳐다보긴 했지만, 눈이 마주칠 때면 환히 웃어줘서 기분이 나쁘지 않았다.

"아빠도 웃으세요! 스마일~"

여행 내내 도통 웃질 않는 아빠에게 매번 억지 미소라도 지으라고 했지만, 아빠의 입꼬리는 쉬이 올라가지 않았다. 평소대로 근엄한 무표정 일색. 멋있고 예쁜 것을 보고, 맛있는 것을 먹어도 무표정이니 아빠가 좋아하는 건지, 아닌지 알 수 없었다. 서슴없이 감정 표현하는 외국인들을 볼 때마다 얼마나 부러웠는지. 왜 우리는 그러지 못하는 걸까?

활발한 분위기의 중앙 청과물 시장
라즈베리, 블랙베리가 잔뜩

"누가 보면 우리가 싸워서 표정이 이런 줄 알겠어요!"
그러면 아빠는 나이 들어서 입꼬리가 처져 그렇게 보이는 거라고 하셨다. 어찌 되었건 그 모습은 입꼬리 처진 표정의 이모티콘 같았다.
대성당까지 본 다음 류블랴나 성까지 걸어 올라가기에는 무리일 듯해서 푸니쿨라(Funicular)를 타기로 했다. 그때 되살아난 무의식 속 아바타. 길치, 방향치. 근처에 있다는 성으로 가는 길도, 푸니쿨라를 타는 곳도 찾을 수 없었다. '나는 누구, 여긴 어디?' 성으로 가는 표시판을 따라 골목으로 들어섰다. 걷는 시간이 길어질수록 불안감이 엄습해왔다.
"딸, 이 길 맞아?"
"맞아요! 아빠 저 못 믿으세요?"
성으로 가는 표시판을 따라가다 보니 오르막길이 보였다. '설마, 도보로 올라가는 길은 아니겠지?' 언제나 그렇듯 예감은 빗나가지 않았다. 분명 푸니쿨라 타는 곳이 있다고 했는데 보이지 않고, 눈앞에는 계속된 급경사 길만 보였다. 걸음을 멈추고 다시 길을 찾았어야 했는데, 중간쯤 올랐을 땐 되돌아갈 수 없었다. 아빠는 저 멀리 뒤처져 있었다. 사람들이 거의 보이지 않는 것으로 봐선 힘든 길인 듯했다. '아차, 또 내가 실수했구나. 쉬운 길을 두고 잘못 들어왔구나. 아빠에게 또 못 할 짓을 했구나.' 아빠는 걷다 쉬다를 반복했다.

류블랴나 성으로 가는 표지판

잘못 접어든 급경사의 골목길

힘들게 다니지 않겠다던 약속을 반나절도 안 돼서 어기고 말았다. 나는 아빠에게 되돌아가 부채질을 해주며 천천히 부축했다. 우리는 한참을 걷고 쉬기를 반복해 겨우 성 앞까지 당도했다.
"아빠! 드디어 성이에요!"
외침과 동시에 어디선가 코끼리 열차 같은 미니 열차가 성 앞으로 들어왔다. 그 순간 아빠가 조용히 말을 건넸다.
"저건 어디서 타는 거야?"
산뜻한 표정으로 성 앞까지 온 사람들을 보니 갑자기 허무해졌다. 저리도 편하게 올라올 방법이 있었는데 땡볕에 힘들게 등산을 했다니. 아픈 아빠에게 난 무슨 짓을 했나? 순간 나는 죄인이 되고 말았다. 죄목은 성까지 가는 쉬운 방법을 미처 알아보지 않은 것, 푸니쿨라 타러 가는 길을 제대로 찾지 못한 것, 아빠에게 이렇게 길을 오르는 일도 나름 의미가 있으리라고 거짓말을 한 것. 나도 의미를 찾지 못했는데 아빠에게는 무슨 의미가 있겠는가? 땀 한 방울 안 흘리고 올라온 사람들은 발걸음도 가벼운데, 우린 여기까지 땀 뻘뻘 흘리며 올라와서 성안으로 들어가지도 못하고 퍼져있는데.
아빠는 별말을 않으셨지만, 내심 내가 밉지 않을까 싶었다. 반나절이면 끝내겠다고 예상한 여행도 이대로라면 불가능했다. 성에 오르느라 너무 많은 시간을 허비했다. 우리는 성 앞 벤치에 앉아 말없이 한참 열차만 바라봤다. 부디 성에 볼거리가 많아 아빠가 좋아하시기를, 오늘 여행도 무사히 마칠 수 있기를 기도했다. '이 계획 대체 누가 짠 거야?! 누가 반나절이면 다 돌 수 있다고 한 거야?! 왜 자꾸 계획대로 안 되는 건데!'

갈수록 눈물이 많아지는 아빠 그리고 나

여행할 때마다 한 해 한 해 내가 달라지고 있다는 걸 느낀다. 해마다 체력은 저하되고, 사진 속 내 모습은 나이를 먹었다. 도전하고 부딪치고 패기 넘치던 모습은 조금씩 사라져갔다. 두려운 것이 생겼고, 새로운 것 안에서 익숙함을 찾았다. 머리로는 아니라면서도 몸은 힘들고 고된 걸 거부하고 쉽고 편안한 쪽에 즉각적으로 반응했다. 부정적인 변화였다.

물론 긍정적인 변화도 있다. 아는 것 없이 명소에서 사진 찍기만 하던 여행 대신 남들이 찾지 않는 곳에 가고, 모두가 다 하는 것보다는 나만의 추억을 만드는 데 더 의미를 부여했다. 여러 곳을 돌아다니기보다 내가 좋아하는 한곳을 여러 번 찾는 것이 더 즐거웠다. 작은 것 하나도 허투루 보지 않고 '왜?'라는 질문을 자주 던지게 되었다. 보고 배우고 느끼는 것도 이전보다 폭넓어졌다. 선택과 배제를 통해 마음에 여유가 생겼다.

나이가 들어야만 알 수 있는 것들을 마주할 때면 빨리 연륜이 쌓였으면 했다. 겉모습이 변하는 것은 싫지만, 내면이 영그는 것은 나이가 들고 경험이 쌓여야만 가능한 일이니까. 빨리 성숙해지고 싶었다. 그러면 좀 더 세상을 살아가는 게 덜 힘들고, 부모님의 마음도 헤아릴 수 있을 것 같았다. 하지만, 나는 여전히 철들지 못했다. "너도 결혼해보면 우리 마음을 알게 될 거야."라고 말하는

힘들게 올라온 류블랴나 성의 안마당

부모님의 마음을 나는 이해하지 못했다. 아직 나 자신의 삶에 더 욕심이 많았다.

힘들게 오른 류블랴나 성에는 가족 단위 관광객이 많았다. 특히 어린아이들과 동행한 젊은 부부가 많았는데, 아빠는 그들을 유난히도 자세히 관찰했다.

"아빠, 저 아기 예쁘죠? 유럽 아기들, 정말 인형 같지 않아요?"

아빠도 나처럼 아기들을 보며 감탄하시는 줄 알았다. 무더위에 지쳐 계단에 앉은 아빠에게 부채질을 해주자, 아빠가 침묵을 깨고

시계탑 전망대로 연결된 빨간색 나선형 계단은 제법 길다

입을 열었다.

“우리 딸도 저렇게 예쁠 때가 있었지. 더 예뻤어, 저 아기보다. 아빠도 저렇게 젊을 때가 있었고. 우리도 저럴 때가 있었는데, 언제 이렇게 나이가 들었을까?”

인형극 박물관에서 본 마리오네트

순간 묘한 감정에 휩싸이며, 가슴 깊은 곳에서 무언가 울컥 올라왔지만 꾹 참았다. 사람들 앞에서 눈물을 보이고 싶지 않아서 애꿎은 부채만 세게 흔들어 댔다.

“아빠는 이제 걸어 다니기도 힘들고, 자꾸 지치는데, 우리 딸이 언제 이렇게 컸는지 아빠를 데리고 다니네. 옛날엔 아빠가 데리고 다녔는데 말이야. 딸 많이 컸네! 참 대단해. 나이 든 아빠랑 다니기 쉽지 않을 텐데, 부채질도 해주고.”

놀이터에서 노는 아이들

예상치 못한 아빠의 말에 눈물이 쏟아질 뻔했다. 아빠 눈엔 이미 눈물이 고여 있었다. 나는 더 세게 부채질을 하며, 있는 힘을 다해 눈물을 참았다. ‘왜 나약한 말씀을 하시는 걸까?’

시간이 갈수록 아빠의 체력은 떨어졌다. 아빠는 그런 자신에게 실망스러운 눈치였다. 젊은 아빠와 어린 딸을 볼 때마다 추억에 젖는 아빠. 한때 젊고 강했던 과거의 저편으로 돌아갈 수 없다는 사실이 아빠를 슬프게 한 모양이다. 젊었을 적 아빠도, 나이 든 아빠도 똑같이 내가 사랑하는 아빠인데. 아빠는 다 커버린 딸을 당신의 힘으로 지켜줄 수 없을 만큼 한없이 작고 나약해진 자신을 원망하시는 듯했다. 어쩌면 나이가 들어간다는 것은 생각보다 괜찮지 않은 일인지도 모른다. 내가 성숙해지는 만큼, 아빠는 점점 약해져가니까. 그럴수록 함께할 시간은 줄어드니까. 이럴 바엔 그냥 철부지 어린애로 멈춰버릴까?! 그러면 이별 없이 오래 함께 할 수 있지 않을까?

"딸아 미안해, 자꾸 뒤처져서. 좀 더 힘내볼게."

"에이, 아빠도 참. 아빠는 나이 들어도 멋있으니까 걱정하지 마세요! 아빠가 나 어릴 때 열심히 데리고 다녔으니까, 이젠 내가 그렇게 해줄게요!"

나이가 들수록 눈물이 더 많아지는 아빠. 그런 아빠를 닮아 덩달아 눈물이 많아지는 나. 부전여전. 나이가 들어도 우리는 서로에게 이 세상 둘도 없는 아빠와 딸, 딸과 아빠였다.

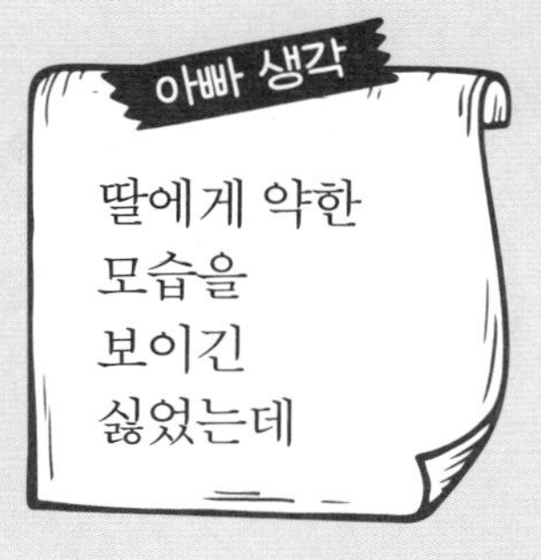

아빠 생각
딸에게 약한
모습을
보이긴
싫었는데

슬로베니아로 넘어왔지만, 여전히 내 몸은 나아지지 않았다. 계속되는 폭염, 누적된 피로가 발걸음을 더 무겁게 했다. 슬로베니아는 아름이도 처음이다. 프라하는 딸이 잘 아는 곳이라 딸에게 온전히 의지했지만, 이제는 나도 딸이 의지할 수 있는 아빠가 되어보겠다고 다짐했다. 그런데 류블랴나에서부터 내 의지는 꺾이고 말았다. 분명 푸니쿨라를 타고 성에 올라간다고 했는데, 성으로 가는 길은 오르막길뿐이다. 나는 성을 오르다 지쳐버렸고, 성에 들어가 계단에 주저앉았다. 딸은 화를 낼 법도 한데, 오히려 나에게 부채질을 해줬다. 왜 자꾸 나약한 모습만 보여주는 걸까?

딸이랑 여행하고 있어서 그런지, 유독 아빠와 딸들이 눈에 들어왔다. 어린 딸을 데리고 다니는 아빠들이 많이 보였다. 나도 젊었을 땐, 애들을 데리고 여기저기 놀러 다녔다. 그때는 어디 가자고 하면 잘 따라왔던 애들이 이제는 다 컸다고 자기들끼리 놀러 다니는 것이 좋단다. 예전엔 차가 작은지 몰랐는데 다섯 식구가 타면 좁다고 투덜거린다. 그래서 9인승 카니발을 사야겠다고 하면, 큰 차를 살 필요가 없다고 한다. 나중에 손주들 다 태우고 다니려면 큰 차가 필요한데 말이지. 언제 시집 장가가서 내 꿈을 실현해줄지는 모르겠지만, 누구라도 얼른 결혼했으면 좋겠다. 그런데 딸은 내가 결혼 이야기만 하면 화를 내면서 "아빠 같은 사람 나타나면 할게요."라고 말한다. 이 세상에 나 같은 사람이 어디 또 있다고? 이 대화의 끝은 언제나 딸의 승리다. 이제는 다 큰 딸을 나보다 더 나은 남자에게 보내줘야겠는데, 아빠는 외국인도 괜찮은데, 딸은 영

관심이 없는 모양이다. 여행 다니면서 주변에 괜찮은 남자 있나 둘러보고 다닐 것이지, 나만 보고 있다. 종일 아빠만 감시하네! "아빠, 괜찮다니까!"라고 말해도, 딸은 안 괜찮다면서 나를 아기 취급한다. 잘못하면 국제미아가 된다고 겁도 준다. 언제 이렇게 전세가 역전됐을까? 세월은 피해가고 싶어도, 피해갈 수 없는 모양이다. 젊음을 되돌리고 싶어도 그럴 수 없는 지금, 기회가 있을 때 더 많은 추억을 만들어야지. 지금 몸이 아프더라도, 이 시간이 다시 돌아오진 않을 테니.

저 멀리 뒤처져 걷다 서다를
반복하는 아빠

'인생 참 허무하네'를 외치게 한 슈코치안

일찍 일어나 출발할 계획이었는데 늦게 일어났다. 여행이 길어질수록 몸에 모래주머니 하나가 더 얹어지는 느낌이었다. 아침에 일어나기가 버겁고 자꾸만 쉬고 싶다. 여행 뭐 별거 있나? 꼭 뭘 보러 어딜 가야만 여행인가? 지금, 이 순간만큼은 이불 속이 지상낙원이다. 여기가 내 여행 목적지다. 1분, 2분, 3분, 5분….

"딸, 일어나야지?!"

힘겹게 이불 밖으로 얼굴만 내밀었다. 아빠는 계속된 강행군으로 매일같이 피곤해하면서도 아침에는 쌩쌩하셨다. 출근 준비하시듯 비슷한 시간에 일어나 나갈 준비를 하셨다.

"늦잠도 좀 주무세요. 여행까지 왔는데 누가 뭐란다고 이리 일찍 일어나세요?"

"시간 되면 눈이 떠져. 습관이 무서운 거지. 너도 나이 들어 봐. 잠이 줄어든다."

수십 년, 가장으로서 가족들을 책임지기 위해 아침마다 피곤함을 무릅쓰고 출근해야만 했던 아빠의 아침이 떠올라 마음이 아팠다. 아빠라고 나처럼 더 자고 싶지 않았을까. 짧은 순간 스치고 지나가는 많은 생각을 뒤로 한 채 나는 비로소 침대 밖으로 몸을 일으켰다.

겨우 아침을 먹고, 10시가 넘어서야 버스터미널로 향했는데

세계에서 가장 큰 동굴 성 프레드야마의 바깥 모습
성에서 바라본 마을이 참 평화로워 보인다

다행히 포스토이나(Postojna)행 버스를 바로 탈 수 있었다. 1시간쯤 달려 시외버스터미널에 도착했다. 여행지로 슬로베니아를 포함하며 이색적인 경관을 보고 싶던 찰나, 포스토이나 동굴과 프레드야마 성이 눈에 들어왔다. 유럽 최대 종유석 동굴도 보고, 한여름 더위도 식히고! 무더운 여름에 이처럼 더 좋은 여행지가 또 있을까?

포스토이나 동굴은 시외버스터미널에서 조금 떨어져 있었다. 안내 책자에도 자세한 설명이 없어서 인포메이션 센터에 가서 설명을 들었다. 안내원은 친절했고, 티켓도 할인해줘서 기분 좋게 지도 한 장 들고 걷기 시작했다. 우리처럼 걷는 사람은 거의 없고 인도 옆 차도로 관광버스들만 계속 지나갔다. 저들은 편하게 가는데, 우리는 이렇게 계속 걷는다. 저들은 빠르지만, 우리는 느리다. 그래도 아빠랑 걷는 이 길이 뭔가 더 낭만 있어 보였다. 아빠 손을 꼭 잡고 20분쯤 걸으니 포스토이나 동굴 입구의 표지판이 보였다.

"아빠, 여긴가 봐요. 아까 지나간 버스들도 여기 있네요."

유명 관광지답게 주차장에는 대형버스로 가득했다. 패키지 관광으로 온 한국 관광객들도 보였다. 아빠의 시선은 그들에게 향했다. 아빠에게 패키지여행이 더 나았을까? 가이드 없이 딸을 쫓아다니느라 고생하시는 우리 아빠. 집처럼 편하던 체코와 달리 슬로베니아는 나에게도 낯선 곳이고, 여행 정보도 부족해서 이리 갔다 저리 갔다 시행착오가 많았다. 그런데도 아빠는 나를 나무라지도, 재촉하지도 않았다. 모든 일이 정리될 때까지 가만히 지켜보고 말없이 따라와 주셨다. 언제나 그랬듯이. 아빠가 나를 믿어주는 것만큼 큰 힘이 되는 게 또 있을까? 낯설고 무서운 세상에 서 있지만, 혼자가 아니기에 두렵지 않았다.
"지금 가면 동굴 투어 시간이 촉박하니까 프레드야마 성을 먼저 가는 편이 좋겠어요."
매표소 직원은 시간을 확인하고 친절하게 설명을 해주었다.
여기서 9km 정도 떨어진 곳에 꽤 멋있는 성이 있다고 했다.
성이라면 다 비슷비슷해 보이던 터라 크게 기대하지는 않았는데 버스에서 내려 바라본 성은 대단히 매력적이었다. 우아하지도, 화려하지도 않은 성이 거대한 바위산 틈에 놓여 있었다. 절벽에 달라붙은 것도 같고, 바위를 깎아 성을 집어넣은 것도 같고, 지금까지 본 성 중에 가장 독특한 형태였다.
"성이 왜 저기 있지? 참 특이하네."
아빠도 그 성이 그 성이겠거니 하다가 생각지도 못한 모습에 놀란 눈치다. 유럽에 단 하나뿐이라는 동굴 성, 800년 가까이 수직 123m 높이의 절벽 한가운데 있는 프레드야마 성(Predjamski grad).
"그동안 봤던 성이랑은 다른 것 같아."
"그러게요. 엄청 궁금해지는데요? 얼른 가봐요."
성안은 으스스하고 좁은 미로 같았다. 절벽을 깎아 만든 성답게 곳곳이 거칠고, 가팔랐다. 매끈하게 다듬어지지 않은 계단을 계속 오르락내리락해야 했다. 성안은 동굴과 이어져서 어둡고 서늘했다. 어떻게 이런 곳에서 살았을까. 아무리 호화롭게 살

성과 연결된 동굴

화장실을 공격한 바위

수 있다 해도 별로 머물고 싶지 않을 것 같았다. 여름도 이런 분위기이면, 겨울은 어떨까?

오디오 가이드의 설명대로 '악마의 성'이라 불릴 만했다. 과거 이 성은 요새 역할을 해서 적군의 공격이 많았다. 다행히 성이 동굴과 연결되어서 적에게 포위당해도 마을로 건너가 식량을 조달할 수 있었다. 덕분에 성안 사람들은 걱정 없이 1년 넘게 버틸 수 있었다. 그 사실을 모르는 적군은 악마의 힘으로 성을 지켜내고 있다고 믿었기 때문에 이곳은 '악마의 성'이라 불렸다. 성의 군주는 적군에게 포위당한 와중에도 호화스러운 파티를 즐길 만큼 호탕하고 대범했다고 한다. 이야기가 여기서 끝났다면,

'왕자와 공주는 결국 행복하게 잘살았습니다.'와 같이 뻔한 동화가 됐을 거다. 그런데 '뭐야?'라는 말이 튀어나오도록 내 뒤통수를 친 결말. 성의 군주는 아무것도 없는 좁고 작은 화장실에서 죽었다. 적군이 매수한 하인이 성에서 가장 약한 벽을 알려줬는데, 그곳이 화장실이었다. 적군은 군주가 화장실에 있는 틈을 타 공격했고, 화장실이 무너지면서 군주는 돌에 깔려 죽었다. 이렇게 허무하게 죽을 줄 그는 알았을까?

"인생 참 허무하지 않아요?"

"삶이 다 그런 거지 뭐. 죽는 건 우리 뜻대로 안 되니."

나는 이 성을 '악마의 성'이라기보다 '인생 참 허무하네.'라는 교훈을 준 성으로 기억하게 되었다. 인생 별거 없어도, 허무하지 않게 죽어야겠다고 생각했다.

"셔틀 곧 출발할 시간이야. 서둘러야겠어!"

앞서 걷던 아빠가 얼른 오라고 손짓했다. 간신히 버스를 타고 가쁜 숨을 가다듬으며 차창 밖으로 멀어지는 성을 다시 바라보았다.

'그래, 인생 끝에서 허무함을 느끼더라도 살아가는 동안만큼은 후회 없이 살아가자. 내 인생 어찌 될지 다 알면 뭔 재미가 있을까? 언제 어떻게 갈지 모르는 인생, 더 재미있게, 더 알차게, 더 멋있게, 더 많은 추억거리를 만들며, 행복하게 살아가자. 아빠와의 여행도 처음이자 마지막이라는 생각으로 즐기자. 아빠에게도 더 잘해드리고, 이렇게 딸과 함께 여행해주는 아빠에게 감사해야지. 아빠와 여행하는 사람이 어디 많나? 넌 정말 복 받은 거야. 암. 그렇고말고!'

포스토이나 동굴이 알려준 어둠의 경이로움

"우리 뛰어야 해요! 곧 동굴 투어가 시작돼요!"
"또 뛰어야 해?"
"네, 아빠. 일단 뛰고 봐요! 제가 먼저 가 있을 테니 아빠는 길 따라 좀만 서둘러서 오세요!"
나는 혹시나 탐방을 놓칠까 봐 전력 질주를 했다. 숨이 턱 밑까지 차올랐다. 간신히 시간 내에 도착해 뒤를 돌아보자 아빠가 뛰어오고 있었다. '왜 자꾸 뛰게 되지? 이상하다. 내 시계가 고장 났나?' 동굴 투어에 마음이 들떴다. 그동안 작은 동굴들을 몇 번 가봤지만, 이렇게 큰 동굴은 처음이었다. 아빠는 동굴 관광이 태어나서 처음이라고 하셨다.
무더운 바깥 날씨와 달리 동굴은 제법 선선했다. 안내원의 옷을 보니 한겨울이었다. 입구에서 모자 달린 망토를 왜 판매하는지 알 것 같았지만 좀 비싼 듯해서 입고 온 카디건으로 버텨보기로 했다.
"출발합니다!"
열차는 테마파크에 있는 롤러코스터처럼 동굴 안으로 빠르게 달렸다. 열차가 달릴수록 놀라움을 금치 못했다. 생각지도 못한 동굴의 경관에 입이 딱 벌어졌다. 여기저기서 탄성이 들려왔다. 이것이 진정 자연이 만들어낸 경관이란 말인가? 동굴 내부는 그동안 미디어에서 수없이 접해서 신기할 것도 없다고

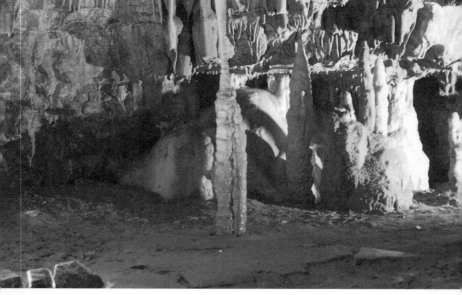

포스토이나 동굴 안의 종유석

생각했는데, 두 눈으로 직접 보니 상상 이상이었다. 이곳은 자연이 만들어낸 미술관과 다를 바 없었다. 서서히, 오랜 시간 자연이 정성을 다해 한 땀 한 땀 만들어낸 예술품들이 빛과 함께 장관을 이루고 있었다. 나는 고개를 이리저리 돌리기 바빠서 사진으로 담아낼 여력이 없었다. 아빠도 조용히 "굉장하네."라고 말씀하셨다. 열차는 동굴 속으로 더 깊이 들어갔다. 인간계를 떠나 자연이 숨겨둔 신비로운 세상으로 빨려 들어가는 듯 기분이 묘했다.

열차를 타고 오면서 본 것은 맛보기에 지나지 않았다. 달리던 열차가 멈춰 서자 종유석 동산이 눈앞에 펼쳐지며 온갖 모양의 종유석이 시선을 사로잡았다. 색깔도 무늬도 모양도 다 다른 것들이 이렇게 조화를 이루다니, 나는 자연의 위대함에 압도당했다. '이 동굴을 처음 발견한 사람도 이런 기분이었을까?' 상상력 작동 스위치가 켜졌다. 아니나 다를까 내 상상력은 물 만난 물고기처럼 동굴 속을 꿈틀대며 헤엄쳐 다녔다. 위대한 자연 속에서 어떻게 아무 생각이 안 들 수 있을까?

"딸, 정말 신비롭다. 난생처음 동굴 여행을 해보는데 놀라워."

아빠도 동굴의 신비로움에 빠지셨나 보다. 아빠의 걸음은 어느 때보다도 빨라졌고, 하나하나 집중해서 살펴보셨다. 기분 좋은 아빠 모습에 나도 뿌듯해졌다. '동굴 투어 하기 잘했다!'

"이제 동굴 안 불이 전부 꺼질 거예요. 여러분은 처음 동굴을 발견했을 때의 기분을 느끼시게 될 겁니다." 가이드가 멈춰서며 말했다.

"탁, …."

아무것도 보이지 않았다. 발견되기 전 동굴 그 모습 그대로 진한 어둠이 우리를 에워쌌다. 갑자기 주변이 고요해졌다.

"톡톡톡…."

화려한 동굴의 모습 때문에 들리지 않았던 동굴의 소리가 들려왔다. 자연은 지금도 예술품을 만들고 있는 모양이었다. 동굴은 여전히 살아 있었다. 보이진 않지만, 소리를 통해 우리의 숨어있는 감각을 깨웠다. '소리조차 이리도 아름답다니!' 온몸의 감각이 소리를 향해 나아가는 것 같았다. 경이롭다는 말은 이럴 때 쓰는 말이 아닐까? 불 꺼진 찰나의 순간이 두렵다기보다, 오히려 내가 살아있음을 느꼈다. 불은 금세 다시 켜졌지만, 어둠 속에서 느낀 아름다움의 여운은 꽤 오랫동안 남았다. 마치 마법에 걸렸다 풀려난 것처럼. 불이 켜지자 적막이 깨졌고, 멈춰 있던 사람들은 일제히 움직였다. 아무 일도 없었다는 듯이 다시 투어를 시작했다.

"불 꺼졌을 때 무슨 생각 하셨어요? 저는 왜 내가 탐험가가 되지 않았을까 잠시 생각했어요."

"우리 딸은 대체 하고 싶은 것이 얼마나 많은 거야?"

"모르겠어요. 세상엔 신비로운 게 너무 많아요!"

아빠와 나는 불을 꺼주는 체험 이후 동굴을 더 자세히 들여다보았다. 봐도 봐도 싫증나기는커녕 더 신비로웠다. 90분 가까이 되는 동굴 투어에 온몸이 차가워지고, 추위에 떨면서도 동굴 관광을 계속 하고 싶었다. '개방된 동굴이 이 정도면, 대체 개방되지 않은 곳은?'

동굴 안의 광장 한쪽에 기념품 가게가 있고 가게 구석에 작은

동굴의 기념품 가게에서 쓴 엽서

우체통 하나가 눈에 띄었다.

"우리도 엽서 한 장 쓸까요?"

아빠는 말없이 엽서를 쓰는 나를 바라봤다.

"아빠도 한 장 쓰세요."

"괜찮아. 딸이 쓰면 됐지!"

무슨 말을 쓸까 고민하며 한 자 한 자 쓰는데 누군가가 물었다.

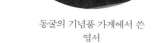

"그건 어떻게 하는 거예요?"

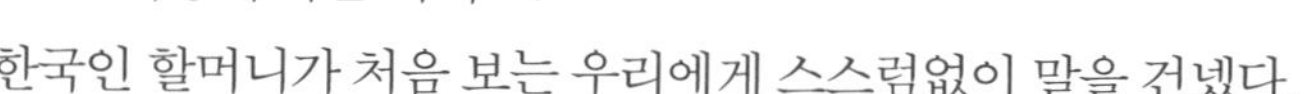
한국인 할머니가 처음 보는 우리에게 스스럼없이 말을 건넸다.

"힘들어서 구경도 제대로 못 하고 여기서 기다리고 있어요. 다리도 아프고 허리도 아프고. 같이 못 다니겠더라고."

"그러세요? 여기가 생각보다 넓더라고요."

아빠는 할머니의 말에 미소를 지으며 공감했다.

"단체 관광 오셨어요?"

"아니, 가족들이랑. 아들내미, 며느리, 손주들이랑."

"그쪽은 어떻게 왔어요?"

"저는 딸이랑 왔어요. 제 딸이에요."

"딸이랑 단둘이? 어떻게 딸이랑 여행할 생각을 했대? 딸이랑 여행해서 좋겠어."

"그럼요, 좋고말고요! 할머님도 가족분들과 여행해서 좋으시겠어요."

"좋지, 몸이 안 따라줘서 애들이 우리 챙기느라 힘들지 뭐. 여행도 젊을 때 해야 해."

엽서를 다 쓰고 할머니와 헤어져 광장에 섰다. 가이드가 모여 있는 사람들에게 종종 이곳에서 콘서트가 열린다고 알려줬다. 갑자기 누군가가 노래를 불렀다. 거대한 광장에 노랫소리가 울려 퍼지는데 어떤 공연장의 음향효과보다도 훌륭했다. 내 심장도 쿵쿵 뛰었다. 사람들은 환호했고, 우리는 노래를 불러준 사람과 공연장을 만들어 준 자연에 감사하며 큰 박수를 보냈다. 멋진 체험을 혼자가 아닌 아빠와 함께하고 있다는 사실에 더 없이 감사했다.

"아빠는 시원해서 좋은데, 우리 딸은 춥겠다. 추위도 많이 타는데, 얼른 나가서 몸 좀 녹여야겠네."

아빠는 차가워진 내 손을 여느 때처럼 아빠의 호주머니에 넣어주었다. 무뚝뚝하지만 은근히 딸을 챙기는 아빠의 마음에 추위에 시리던 내 손발이 조금 따뜻해졌다. 나가는 열차 앞줄에 한국인 가족들이 서 있었다.

"아까 만난 할머니네 가족이신가 봐요."

아빠는 할머니, 할아버지와 젊은 부부, 손자, 손녀까지 3대가 함께 다니는 가족을 말없이 바라보셨다.

"아빠, 부러우세요?"

"부럽지. 우리도 저렇게 온 가족이 함께 여행할 수 있겠지? 살아생전 할머니 모시고 여행 한번 못 해봤네. 마음은 항상 있었는데, 실천을 못했어. 이제는 안 계시니 그럴 수도 없고."

"나중에 저희가 결혼하면, 기회가 생기지 않겠어요? 제가 결혼 안 하면 동생들이 할 거예요. 우리 꼭 다 같이 여행 가요!"

아쉬움을 뒤로 한 채 다시 열차를 타고 동굴을 빠져나왔다. 뜨거운 햇살이 우리를 반겼다. 지극히 평범한 바깥 풍경이 갑자기 낯설게 느껴졌다. 동굴에 서식하며 눈이 퇴화한 인간이 다시 눈을 얻고 낯선 세계로 나온 느낌이 이러지 않을까? 잠시 꿈을 꾸다가 일어난 듯했다. 추위에 얼었던 몸이 녹아서 몽롱해진 나는 갑작스러운 기온 차에 걸음이 느려진 아빠와 보조를 맞춰 걸었다. 동굴이 준 선물의 여운을 조금 더 간직하기 위해.

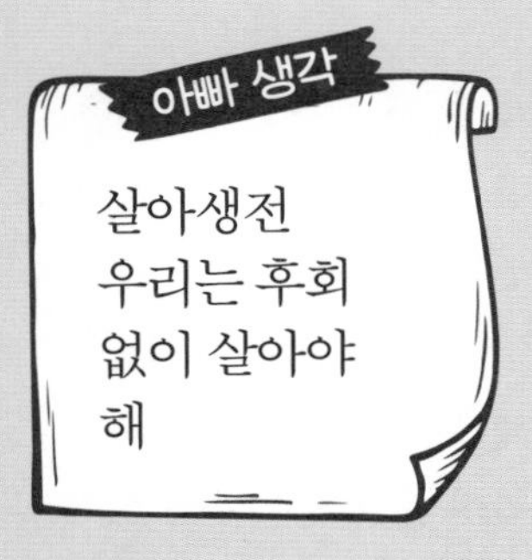

아빠 생각
살아생전
우리는 후회
없이 살아야
해

난생처음 동굴 구경을 했다. 맨날 텔레비전에서나 보던 동굴을 처음 방문해보니 '대단하다'는 말밖에는 나오지 않았다. 세계에서 가장 큰 동굴, 멋있고 아름다움이 있는 석회암 동굴의 아기자기함과 웅장함에 감탄이 절로 나왔다. 이런 동굴을 1시간 이상 도는 것도 대단하고, 관광할 수 있게 만들어 놓은 것도 대단하고! 기억에 오래 남을 것 같다.

동굴을 다 돌고 나서 기념품 가게에서 한국인 할머니를 만났다. 3대가 함께 가족여행 왔다는 할머니는 나처럼 거동이 불편해서 제대로 구경도 못 하고 가족들이 관람을 마치고 오기만을 기다린다고 하셨다. 저 연세에도 여행을 다니시는데, 거기에 비하면 나는 청춘이었다. 허리만 삐끗하지 않았어도, 이렇게 힘들지는 않았을 텐데. 식구들 말대로 조심 좀 할걸, 후회를 한들 이미 늦었다.

3대가 함께 유럽에 온 가족이 대단하다 싶고 부러웠다. 나도 매번 어머니를 모시고 식구들끼리 여행 한번 가야지 하고 생각은 했지만, 결국 실천에 옮기지 못했다. 이제는 보고 싶어도 볼 수 없는 어머니. 그러고 보니 어머니와 함께 제대로 여행해 본 적도 없었다. 적어도 한 번쯤은 어머니와 함께 여행하며, 좋은 추억을 남겼을 만도 한데, 먹고 사느라 바빴다. 아니다, 그건 핑계다. 나도 이렇게 지금 딸이랑 여행 오지 않았나? 결국 내가 실천하지 않았던 거다.

유럽 거리를 오가는 한국자동차들

오늘은 10시 차를 타겠다고 일찍 준비하고 나섰는데, 이거 웬걸? 10시 차가 매진이다. 블레드(Bled)가 유명한 관광지인 걸 알면서도 표가 있겠거니 안일하게 생각했다가 뒤통수를 맞았다. '어제 미리 예매할걸.' 후회가 밀려왔다. 다음 차는 12시. 겨우 9시가 넘었는데 앞으로 3시간 가까이 뭘 해야 할까.

"그러게 아빠가 어제 미리 예매하라고…."

아빠의 잔소리가 계속될까 싶어 나는 얼른 말을 돌렸다.

"긍정적으로 생각하자고요. 우리가 다 못 본 류블랴나를 더 보라고 지금 차가 매진된 걸 거예요. 이왕 이렇게 된 거 숙소로 돌아가지 말고, 예술촌이나 둘러봐요!"

후회한들 지나간 시간은 되돌아오지 않는다. 그렇다면, 다음 일정을 생각해서 빠르게 움직이는 편이 더 낫다. 안내 책자를 보니 예술촌(AKC Metelkova mesto)은 버스터미널에서 멀지 않은 곳에 있었다.

"멀지 않으니까 힘들지 않을 거예요! 갑시다!"

"그 전에 내일 표 미리 사가! 또 매진되면 안 되니까."

역시 아빠는 나보다 어른이다. 나는 오늘을 교훈 삼자는 생각만 했는데, 아빠는 그 교훈을 밑거름 삼아 바로 실천하셨다. 그 얘기를 못 들었다면, 난 또다시 후회하며 교훈 하나를 마음에 쌓아만

예술촌 가는 길
평화로워 보이는 류블랴나 사람들의 주말 아침 풍경

골목마다 벽마다 곳곳에 그라피티가 그려진 예술촌의 모습

됬을 것이다. 내일 갈 피란행 버스표까지 사고 난 후, 예술촌을 찾아 걸었다. 지도상으론 버스터미널에서 별로 멀지 않았는데 이상하다. 걸어도 걸어도 예술촌이 나오지 않았다. 또 거리를 헤매고 있었다. 아빠가 나섰지만, 소용없었다.

"여기 처음 보는 길인데?"

"아니에요. 지난번에 갔던 길이예요."

"그래? 아닌 것 같은데."

한국에서는 누구보다도 길을 잘 찾으셨는데, 유럽에 온 후로 아빠는 자꾸만 길을 헤매셨다. 예술촌으로 직행하는 길을 찾지 못해 우리는 근처를 맴돌았다. 안내 책자에도 나오지 않는 교회를 지나, 박물관에 도착했다. 박물관 광장에 들어서자 한적한 주말 오전의 전경이 펼쳐졌다. 엄마와 아이들, 가족이 한가롭게 산책을 즐기고 있었다.

예술촌은 박물관 옆에 있었다. 막상 가보니 다 쓰러져가는 폐허 같다. 예술품인가 싶은 것들은 기묘했고, 벽과 건물에 그려진 그라피티는 정신 사나웠으며, 여기저기 널브러진 물품들은 지저분했다. 내가 생각한 예술촌은 아니었다. 삼삼오오 몰려있는 사람들은 굉음을 내는 오토바이를 타거나, 걸인처럼 앉아서 그곳에서 유일한 동양인인 우리를 빤히 쳐다보기도 했다.

전체적으로 으스스하고 무서웠다. 밤에 왔다면 귀신의 집이라도 온 것처럼 소스라치게 놀랐을 것이다.

"아빠, 그냥 나가요…."

우리는 대로로 나왔다. 버스터미널에서 대로를 따라 직진하면 바로 왔을 텐데 중간에 골목으로 들어가는 바람에 오래 헤맨 거였다. 그래도 그 덕분에 류블랴나 사람들의 일상을 관찰했다. 평화로워 보이는 그들의 주말 아침이 나는 꽤 부러웠다. 그에 비해 대로에서는 보이는 것이라곤 도로를 달리는 자동차뿐이라 심심했다. 아빠는 지나가는 자동차를 흥미롭게 구경하셨다.

도로 위의 한국자동차들

"저기 국산 차 지나간다. 여기 우리나라 차가 많네."

특히나 국산 차가 지나갈 때면, 숨은 보석이라도 발견한 듯 놀라운 표정을 지었다. 반면 차알못인 나는 어떤 차가 지나가든 그건 그냥 자동차일 뿐, 무슨 브랜드고 어떤 차종인지 관심이 없었다. 그런데도 아빠는 도로 위의 차들을 보며, 계속해서 설명하셨다.

"저 차 봐봐. 저거 완전 옛날 차잖아. 우리나라에서는 단종된 건데 여기에 있네. 와, 신기하다. 여기서 저걸 다 보고." "저것도 봐봐. 저건 최신차야. 유럽에선 국산 차도 인기가 많다더니 진짠가 봐." "저건 유럽에서만 생산되는 국산 차네." "와, 저건 언제 적 차야? 이제 저 기업은 국내에 있지도 않은데, 차가 있네. 어떻게 여기 와 있지?"

아빠가 이렇게 말이 많으셨나 싶을 만큼 수다쟁이가 된 그때. 평소

과묵하고 무표정한 아빠도 잘 알고, 관심 있는 것들을 마주할 때면 호기심 가득한 소년처럼 눈을 반짝이며 이야기하신다는 것을 그제야 깨달았다.

"차 구경하는 게 그렇게 재미있으세요?"

"그럼, 생각지도 못한 국산 차를 여기까지 와서 보니 왠지 뿌듯해."

소년 같아진 아빠에게 내가 너무 엄마처럼 굴었는지도 모르겠다.

'아빠 이야기에 공감해드렸다면 좀 더 많은 이야기를 하셨을까? 아빠와 좀 더 공감하는 대화를 나눌 수 있는 사이라면 좋았을 텐데.'

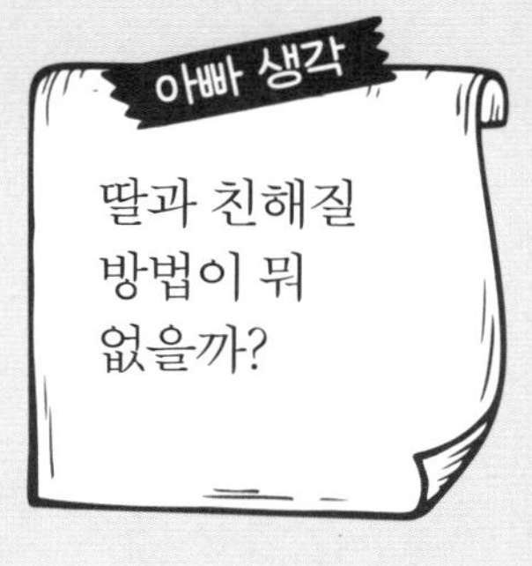

아빠 생각
딸과 친해질
방법이 뭐
없을까?

여행하다 보니 가끔 딸과 부딪칠 때가 있다. 아무래도 내가 젊은 친구들 취향과 다르고, 몸에 밴 것이 많아 딸의 취향에 못 맞출 때가 많다. 슬로베니아에 오니 신기하게도 국산 차들이 눈에 자주 띄어서 딸한테 말해줘도 시큰둥했다. 딸은 차에 별로 관심이 없다. 운전면허 딴다고 할 때도, 잘 할까 싶어 주행시험 날 시험장에서 몰래 딸이 운전하는 걸 지켜봤다. 당연히 떨어질 줄 알았는데 100점으로 당당히 합격했다. 그래서 차에 관심이 좀 있나 싶었는데, 아니었다. 따야 하니까 딴 거였을 뿐.

여행하면서 가끔은 우리가 서로 다른 곳을 바라보고 있다는 생각이 들었다. 몇 십 년을 같이 산 아내하고도 마음이 맞지 않을 때가 많은데, 하물며 세대 차이도 나고 이제는 아빠 품에서 떨어져 지내는 딸하고 어떻게 한마음 한뜻이 되겠나? 친구 같은 아빠가 되고 싶은데, 잘 안 된다. 딸에 대해선 어릴 적 기억이 대부분이라 다 큰 딸의 모습이 아직 낯설다. 그래도 여행한다고 며칠이나 온종일 붙어 있다 보니 분명해진 게 있다. 딸이 더는 내 기억 속 어린아이가 아니라 나보다도 더 대담하고 거침없는 어른이라는 것. 이제 어른이 된 딸에게 적응해야겠다.

블레드 호수처럼 아빠 마음이 들여다보인다면

드디어 블레드행 버스를 탔다. 역시나 만석이었다. 아침부터 계획에 없던 도시 산책을 한지라 나는 열심히 졸았다. 차만 타면 내 의지와 상관없이 고개가 떨어지니 옆에 아빠가 없었으면 누가 짐을 가져가도 모를 지경이었다. 아빠는 창밖만 바라보셨다. 어쩌면 차만 타면 졸기 일쑤인 딸 대신 혹시 모를 사고에 대비하느라 못 주무시는 걸지도.
류블랴나에서 1시간 20분가량 달리자 블레드에 도착했다. 간이정거장처럼 작은 버스터미널에서 내려 지도를 펼치고, 오늘 갈 거점을 표시했다. 블레드 성과 성모승천 교회, 단 두 곳. 힐링하러 왔으니 절대 무리하지 않으리. 인포메이션 센터를 돌아 내려가자 시야에 푸른 호수가 들어왔다. 물속을 헤엄치는 물고기들이 뚜렷이 보일 만큼 물빛이 파랗고 투명했다. 저 멀리 호수에 뛰어드는 사람들을 보고 있자니, 물속에 몸을 담그고 싶은 유혹이 일었다.
'그냥 쉬고 싶다, 물가에 누워서.' 혼자였다면 물에 발 담그고 멍하니 호수를 바라보고 있었을지도 모른다. 하지만 다리는 벌써 성을 향하는 오르막길을 오르고 있었다. 지나가는 사람들에게 길을 물으니 친절하게 안내해주며, 오래 올라가야 해서 힘들

거란다.

"아빠, 힘내세요! 오늘은 쉬어가기로 했으니까 천천히 올라가요!"

성 마틴 교회가 나왔다. 교회에서 결혼식을 하는지 예쁜 옷을 차려입은 사람들이 교회 안팎을 오갔다. 여행하면서 우연히 결혼식을 마주할 때면, 멈춰 서서 구경하곤 했다. 결혼하려는 여자들이라면 한번쯤 꿈꿔보는 혼례식. '오늘은 어떤 결혼식일까?'라는 호기심으로 교회에 들어가 앉았는데 관광객과 결혼식 하객으로 뒤섞인 그곳은 생각 외로 평온하고 고요했다. 결혼하는 순간만큼은 둘만의 세상이길 바라는 내 로망처럼 간소하지만, 따뜻한 결혼식인 듯했다. 나는 좀 더 앉아서 그들의 결혼식을 바라보며 축복해주고 싶었다. 그런데 나의 뭉게구름을 깨버린 아빠의 한 마디.

"남의 결혼식 보면 뭐해, 얼른 성에 가자."

늘 먼저 쉬었다 가자고 하던 아빠가 웬일로 걸음을 재촉하셨다. 결국 결혼식을 보지 못하고 성으로 향했다. 아빠는 다른 사람의 결혼이 아닌 딸의 결혼식을 보고 싶으셨을 것이다. 어릴 때부터 항상 '누가 내 딸을 데려갈까?'라고 묻곤 하셨다. 특히 밤늦게 일에 지쳐 들어오실 때면, 잠든 내 머리를 쓰다듬으며 "이 예쁜 걸 누가 데려갈까…."라고 말씀하셨다. 잠결에 보이는 아빠의 희미한 실루엣과 나지막하게 들리던 목소리는 아직도 잊히지 않는다. 그땐 아빠를 이해하지 못했는데, 이젠 조금 알 것 같다. 언젠가 자신이 더는 딸을 보호해주지 못할 때, 딸을 보호해주고 사랑해줄 대체자를 간절히 바라신 게 아닐까.

"우리 딸은 언제 결혼하나? 남들은 저렇게 다 결혼하는데."

슬로베니아에서 가장 오래된 성인 블레드 성

“내 친구들도 아직 안 했어요. 때가 되면 하겠죠.”
“아빠 친구들은 이제 손주들 사진 보여주는데….”
“전 아빠 같은 사람이랑 결혼할 거예요. 아직 못 만나서 안 하는 건데. 없으면 아빠랑 평생 살지 뭐~”
“아니, 아빠보다 더 좋은 사람 만나야지.”
“나한텐 아빠가 제일 좋은 남자예요.”
아빠는 더는 말을 잇지 않고, 조용히 계단만 오르셨다. ‘진심인데. 아빠 같은 사람이 내 이상형이었는데…. 어릴 때부터 난 항상 그렇게 말했는데, 아빠는 왜 모르시는 걸까?’
성까지 이르는 계단 길을 쉬엄쉬엄 올랐는데도 숨이 찼다. 성은 정말 높이 있었다. 그래도 류블랴나 성보다는 덜 힘들었다. 이것도 적응이 돼가는 모양이다. 성에 오르니 블레드의 드넓은 호수 전경이 눈앞에 펼쳐졌다. 탄성이 절로 나올 만큼 아름다웠다. 호수를 떠다니는 작은 나무배들, 호수 위에 홀로 떠 있는 섬, 호수를 둘러싼 건물들과 호수 위로 옅게 펼쳐진 물안개. 안개에 뒤덮인 섬 위의 성모승천 교회가 신비스러워 보였다. ‘저 섬에는 무엇이 숨어 있을까?’
어느새 관광객이 사진을 찍으러 몰려들었다. 패키지로 온 듯한 한국인 단체 관광객도 있었는데 피곤에 찌든 우리와 달리 화사했다. 예쁜 옷과 고운 화장, 단정한 차림과 최소한의 짐. 배낭 여행객에게는 한두 번 있을까 말까 싶은 호사. 아빠가 자꾸 그들을 바라보았다.
“아빠, 저분들 부러우세요?! 아빠도 친구분들이랑 왔으면 더 즐겁게 다니셨겠죠?!”

"아니야, 친구랑 딸은 다르지. 나누는 이야기가 다른데. 딸이랑 여행해서 좋아."

"진짜로요?"

"그럼! 당연하지!"

아빠와 비슷한 연배의 사람들이 즐겁게 대화를 나누는 모습이 보였다. 아빠에게 필요한 건 나보다 친구분들일지도 모르겠다. 아무리 사랑하는 딸이라지만, 세대 차이 나는 나와 온종일 붙어 다니는 게 어디 쉽겠는가? 엄마처럼 편할 수도 없고, 아들처럼 남자들만의 이야기를 할 수도 없고, 힘들다며 약한 모습을 보일 수도 없고. 그래서 나이가 들수록 자식보다 친구가 필요하다는 말이 있는 걸까? 만약 아빠가 이곳에 엄마랑 왔다면 혹은 친구분들과 왔다면 지금보다 더 재미난 여행을 하셨을까? 저분들처럼 수다를 떨며 계속 웃으셨을까? 잘 모르겠다, 아빠의 마음을. 맑고 투명한 블레드 호수처럼 가만히 응시하면 아빠의 마음이 내 눈에 다 들어오면 좋겠다.

나 지금 잘하고 있는 걸까?

블레드 성 내부의 모습
성 위에서 바라본 호수의 고요한 풍경

이건
내가 바라던
여행이 아니야

5

허를 찌르는 우리네 인생

블레드 성에 오르고 얼마 되지 않아 비가 내렸다. 이번 여행에서 처음으로 만난 비였다. 다른 날은 혹시나 해서 우산을 챙겨 다녔는데, 하필 두고 나온 오늘 비가 오다니. 우산을 챙겨 나온 날은 해가 쨍쨍, 안 챙겨 나온 날은 비. 참 알 수 없는 인생이다. 계획대로, 예상한 대로 되질 않고, 생각지도 못한 곳에서 허를 찌른다. 그래서 '인생 참 재미있다'라고 말하는 걸까?

빗방울이 떨어지고, 안개는 더욱더 짙어졌다. 맑고 투명하던 호수가 어둡고 스산해졌다. 비가 내리는 고성에서 내려다보는 호수는 묘한 분위기를 자아냈다. 호수 한가운데 아무도 찾지 못한 보물이 숨겨져 있을 것만 같았다. 나는 한참을 창가에 서서 말없이 섬을 바라보았다. 처음엔 유명한 곳이라니까 그냥 가볼 생각이었는데 지금은 비밀을 파헤치러 가는 탐험가가 되겠다는 의지가 나를 끌어당겼다. '너 지금 나를 유혹하는 거니?'

비가 본격적으로 내릴까 싶어 빠른 걸음으로 성을 내려왔다. 아니나 다를까 블레드 호수에 거의 다 이르자 한두 방울 떨어지던 빗방울이 점점

블레드 호수에 떨어지는 빗방울

굵어졌다. 비바람이 호수의 물결을 거세게 몰아쳤다. 일단 나무 밑으로 비를 피했다. 유럽의 나무들은 굵고 잎이 커서 잠시 비를 피할 수 있었다. 하지만 이번 비는 그걸로 해결되지 않을 만큼 세차게 내렸다.

"아빠, 우리 어디에 들어가 있어야겠어요. 저기까지 뛰는 거예요! 하나, 둘, 셋!"

비를 맞고 도착한 곳은 식당이었다. 식당 안에는 우리처럼 비를 피해 온 사람들로 가득했다. 나는 짧은 순간 자리를 찾아서 매의 눈으로 식당을 둘러보았다.

"아빠, 저기요!"

빠르게 빈자리를 포착하고 의자에 앉았다. 평소에는 느리지만, 책임감으로 무장한 나는 어느 때보다 빨리 움직였다. 혹시라도 아빠가 감기에 걸리면 안 되니까, 몸을 녹이며 휴식을 취해야 했다.

"일단 먹어요!"

간단히 음료나 마실까 했지만, 옆 테이블에서 스멀스멀 풍기는 음식 냄새가 코끝을 자극하며, 내 배 속을 텅텅 두드렸다. 아빠도 나처럼 배가 고파진 눈치였다.

"여기까지 왔는데, 당연히 생선을 먹어야죠! 우리도 송어 필레 먹어요!"

오감을 자극하는 송어 필레는 순식간에 사라졌다. 한번 포크를 들고나니 손을 뗄 수가 없었다. 아빠와 나는 감탄하며 먹었다. 비가 온다고 투정 부린 마음이 음식 하나로 녹아내렸다. 비 때문에 먹게 된 음식. 비가 안 왔으면 우리가 식당에 들어와서 이렇게 맛있는 음식을 먹었을까? '인생은 역시 알다가도 모르는 거야. 안 좋은

일이 있으면, 이런 뜻밖의 선물도 있어.'

우리 마음을 녹일 만큼
맛있었던 송어 필레

배가 부르니 몸이 따뜻해졌다.
"딸, 비 더 오기 전에 얼른 가는 게 좋겠어. 그만 가자."
더 있고 싶은 마음을 뒤로 한 채, 식당 바깥으로 나왔다. 비가 들어올 때보다는 잦아들었지만, 여전히 내리고 있었다. 더 굵어지면 곤란하니 어서 다음 목적지로 가야지.
다음 목적지는 작은 나무배를 타고 들어가야 하는 블레드 섬이었다.
비가 많이 와서 배가 멈춰 섰는데, 여전히 임시휴업 중이었다.
주인들은 다시 운영할 생각이 없어 보였다. 물어봐도 안 한다는 말만 했다.
'이대로 돌아가야 하나? 블레드 섬을 가려고 여기 온 건데? 성에서도 블레드 섬이 날 끝없이 불렀는데?'

미니버스

소나기인 줄 알았던 비는 생각보다 오래 내렸다. 비를 맞고 계속 기다릴 수도 없었다. 아직 여행의 반이 더 남았는데, 감기에 걸리면 안 되니까.
"아빠, 아무래도 류블랴나로 돌아가야겠어요."
우리의 발걸음은 쉽사리 떨어지지 않았다. 가는 내내 혹시라도 배가 다시 운항할까 싶어 계속 뒤를 돌아보았다.

"아쉽지만 담에 다시 오라는 뜻으로 받아들여요. 이렇게 아쉬워야 또 오게 돼 있어요."

"여기 또 오려고?"

"와야죠! 블레드 섬도 못 보고 가는데. 언젠가 다시 와서 꼭 저길 볼 거예요. 그러려고 오늘 이렇게 못 보고 가는 거예요."

"우리 딸 가고 싶은 곳도 많은데 언제 다 가보나? 그래! 다시 오자!"

터미널에 도착해서도 애꿎은 하늘만 자꾸 바라보았다. 편하게 갈 수 있는 미니버스가 싼 가격으로 우릴 유혹했지만, 타지 못했다. 섬에 꼭 가고 싶다는 간절함과 혹시나 하는 미련이 우리를 간이 의자에 계속 머물게 했다.

나는 인포메이션 센터에 가서 안내원에게 말을 건넸다. 블레드 섬에 가고 싶은데 배가 운항을 하지 않아서 못 갔다며, 속상한 마음을 처음 보는 사람에게 털어놨다. 마지막이라 생각하고 내뱉은 말, 그리고 그녀에게서 또렷하게 들려온 말.

"다시 가 봐요. 배가 운항할 수도 있잖아요."

순간, 눈이 번쩍였다. 나는 아빠에게 소리쳤다.

"우리 다시 한 번 가 봐요."

호수까지 멀지 않은 거리를 가는 동안, 기적처럼 비가 그쳤다. 몰아치던 바람도 잠잠해졌다. 멀리서 햇살이 호수 위에 조금씩 얼굴을 들이밀었다. 우울하던 기분이 순식간에 기쁨으로 가득 찼다. 비 때문에 어쩔 수 없이 돌아서던 무거운 발걸음이 지금은 가볍다 못해 붕붕 떠올랐다.

"저 먼저 가서 물어볼게요. 천천히 오세요."

블레드 섬으로 가는 배 위에서

뛰어가 뱃사공에게 운행하는지 묻자, 아까와는 다른 대답을 했다.
"당연하죠. 조금만 기다려요. 빗물 닦으면 타세요."
"와! 아빠! 우리 블레드 섬에 갈 수 있어요!"
천천히 걸어오는 아빠의 얼굴에도 미소가 번졌다. 내가 좋아서 어쩔 줄 몰라 하는 사이, 비를 피해 있던 사람들이 배 근처로 몰려들었다. 내 배도 아닌데 나는 배 주변에 몰려든 사람들에게 배 운항 소식을 알렸다. 뱃사공이 노를 젓자 배가 서서히 움직였다. 육지에서 천천히 멀어지는 배가 햇살을 받으며 나아갔다.

"딸! 저기 봐봐. 성에서 본 그 섬인가 봐!"
아빠와 나는 안개가 걷히고 햇살로 가득한 호수 위에서 반짝이는 별들을 만끽했다. 포기하고 류블랴나로 돌아갔다면, 우린 지금 경이로운 호수의 모습을, 신비로워 보이는 블레드 섬을, 따뜻하고 반짝이는 햇살을, 평온한 요람 같은 배를, 그리고 우리를 섬까지 데려다주는 멋진 뱃사공을 만나지 못했겠지?

블레드 섬 어느 창가에 핀 장미

"우리 셀카 찍어요!"
"그럴까? 여기는 찍어야겠다!"
아빠와 나의 아름다운 시간. 렌즈 속 우리는 에메랄드 물빛에 빛나는 햇살과 함께 유난히 환한 미소를 짓고 있었다.
"딸, 우리 여기 다시 안 와도 되겠어!"

아빠랑 어떻게 여행을 같이 해요?

어느덧 정든 류블랴나를 떠나는 날. 류블랴나를 거점 삼아 타 도시들로 이동하다 보니 어느새 버스터미널이 친숙해졌고,

소박함이 정겨웠다. 숙소에서 걸어서 10분도 안 걸리는데도 아빠는 혹시나 버스를 놓칠까 봐 아침부터 서둘렀다. 오늘은 기다리고 기다리던 여름 바다와의 만남! 드디어 아드리아해를 만끽할 수 있는 피란으로 떠난다. 여행 오기 전부터 나를 설레게 한 도시 피란! 여행용 가방에 넣어둔 해변에서 쓸 챙 모자가 얼른 꺼내 달라고 소리치는 것 같았다. '모자야, 조금만 기다려! 오늘은 꼭 널 꺼내줄게!'

버스터미널에 일찌감치 도착했다. 서두르지 않았어도 됐는데. 아빠는 이런 내 마음을 읽었는지 "늦는 것보다 이게 나아. 좀 기다리지 뭐."라고 말씀하셨다. 우리는 내리쬐는 햇볕을 피해 바로 옆 기차역 안으로 들어갔다. 거점이던 곳을 완전히 떠나는 날이라 짐이 많았다. 언제나 그렇듯 많은 짐을 들고 온 걸 후회했다.

'여행은 새털처럼 가볍게 해야 하는 건데.'

그래도 우리 표정엔 여유가 넘쳤다. 그 사이 아빠는 화장실에 가셨다. 유럽에서는 돈을 내야 하는 화장실이 많아서 무료 화장실이 있다면 꼭 이용해야 한다. 다행히도 류블랴나 기차역 화장실은 무료였다. 나는 혹시나 누가 우리 짐을 노릴까 봐 감시태세에 돌입했다. 그때였다.

"저기, 혹시 한국분이세요?"

내 귀에 익숙한 한국말이 들려왔다. 뒤를 돌아보자 한국인으로 보이는 남자가 배낭을 메고 서 있었다.

"네, 한국인이에요."

"반가워요! 여기 혼자 여행 오셨어요?"

그동안 한국인 관광객을 자주 마주쳤지만, 길을 묻는 것이 아니라

내 여행에 관해 물은 사람은 처음이었다. 이번 여행에서는 아빠랑 종일 붙어 다녀서인지 누구도 나에게 쉽게 말을 걸지 않았으니까. 아빠는 나에게 보호해야 할 대상이었을지라도, 다른 사람들이 본 아빠는 내 보호자이자 누가 내 딸을 건드리나 경계하는 감시자였을 것이다. 이 남자가 혼자 왔냐고 묻는 건, 아직 아빠의 존재를 모르기 때문이다. 아빠가 자리를 비운 지금, 무수한 이방인 사이에서 나는 철저히 무방비 상태인 것이다.

"아니요, 아빠랑 여행 중이에요."

"아빠랑요?"

그 남자는 제 귀가 의심스러운지 놀란 표정으로 되물었다.

"힘들지 않아요? 아빠랑 어떻게 여행을 같이 해요?"

남자인 그도 아빠와의 여행은 쉽지 않다고 생각한 모양이다. 남자의 일행이 나타나자 그는 내가 아빠와 여행하고 있다는 사실을 알렸다. 일행도 똑같은 질문을 던졌다.

"처음엔 힘들었는데, 지금은 괜찮아요."

"어떻게 아빠랑 여행할 생각을 했어요? 엄마는 어쩌고요?"

"환갑이셔서 제가 모시고 왔어요. 엄마는 일정이 안 맞아서 못 오셨어요."

"대단하세요. 전 아빠든 엄마든 단둘이 여행하라고 하면 못해요."

"맞아, 맨날 싸울걸?"

"엄마랑 딸, 엄마랑 아들이 여행하는 건 가끔 봤는데, 아빠랑 다 큰 딸은 첨 봤네요. 신기하다."

"숙소는요? 아빠랑 숙소 같이 써요? 주로 어디 머무세요?"

"아빠랑 같이 써요, 호텔 아니면 에어비앤비로 현지 민박이나 렌트하우스도 이용하고요."

"아빠랑 같이 숙소 쓰는 게 가능해요? 우리 아빠는 코를 많이 골아서 도저히 못 자겠던데. 안 불편해요?"

"코 고시는데, 제가 피곤해서 모르고 자요. 처음엔 불편한 게 많았는데, 적응이 좀 됐어요."

두 남자는 고개를 절레절레 흔들었다. 26살 동갑내기인 그들 중 한 명은 대학 졸업반, 한 명은 늦깎이 대학생이었다. 나에게 처음 말을 건 남자는 여행 2주차고, 다른 남자는 얼마 전에 합류했단다. 오늘 블레드에 간다고 했다. 그들은 나의 여행이 궁금한 듯 계속 질문을 던졌다.

"그래도 아빠랑 여행하시면 짐은 아빠가 들어 줄 테니까 편하겠어요."

"아니요, 각자 들어요. 제가 들어드릴 때가 더 많아요."

그들은 예상치 못한 대답에 조금은 당황한 눈치였다.

"아버님이 따님을 강하게 키우시나 봐요."

웃음이 새어 나올 것 같았지만, 애써 태연한 척했다. 아빠는 나와 여행을 다니며 그동안 몰랐던 딸의 모습에 놀랐다고 했다.

"우리 딸이 생각했던 것보다 더 대범하고 강한 것 같아."

아빠가 나를 강하게 키우려고 하신 건 아니지만, 어쩌다 보니 나는 강해져 있었다. 그래도 힘들고 지칠 때면 누군가의 어깨에 기대고 싶었다. 지금은 그럴 수 없지만.

길지 않은 시간에 반가운 친구라도 만난 것처럼 이야기를 나눴다. 내 또래와 대화하는 게 오랜만이라서 좀 더 이야기를 나누고 싶었다. 하지만 야속하게도 시간은 빠르게 흘렀고, 아빠가 어느새 내 쪽으로 걸어왔다. 아빠는 낯선 남자들과 함께 있는 내게 시선을 고정한 채 다가오셨다. 그들 역시 대화를 중단했다. 그리고 아빠에게 허리 숙여 인사하고는 급하게 떠났다.

"즐거운 여행 되세요."

그들을 보며 아빠가 물었다.

"저 남자들은 누구야? 학생들 같은데."

"아, 한국 배낭여행객인데, 대학생이래요."

"그래? 뭔 이야기를 나눴길래 내가 오니까 저리 서둘러 가?"

"별 이야기 안 했어요. 아빠랑 여행하고 있다는 이야기?! 우리가 특이하대요!"

"우리가 왜?!"

"글쎄요?!"

나는 우리의 여행을 되돌아보며 한바탕 웃었다.

'이럴 순 없어!' 우비 소녀의 절규

류블랴나에서는 한없이 맑던 날씨가 어느 순간 회색빛으로 변했다. 비가 올지도 모른다는 불길한 예감이 스쳤지만, 잠깐 지나가는 소낙비일 거라며 애써 외면했다. 먹구름이 몰려온 하늘은 축 처진 뱃살을 곧 대지 위로 퉁겨낼 것처럼 아슬아슬해

보였다. 역시나, 하늘은 바로 빗물을 쏟아냈다.
"두둑 두두두두 두, 쏴아…."
버스 안에서 듣는 빗소리는 경쾌하지 않았다. 장마철 호우처럼 매섭고 묵직했다. 비로 창밖의 시야가 흐려졌다. 비가 계속 내리면 해안가 도시 '피란'에 가는 의미가 없는데, 왜 하필 지금 이러는 걸까? 하늘이 원망스러웠지만, 금방 그치리라는 희망을 버리지 않았다. 잠시 눈을 붙이고 나면 밝은 햇살이 나를 반겨주기를….
비는 좀처럼 멈출 기미가 없었다. 피란 도착 30분 전에 바라본 창밖은 여전했다. 처음보다는 잔잔해졌지만, 멀리 보이는 바다에 파도가 무섭게 일고 있었다. 버스 안에서 느끼는 것보다 비바람이 훨씬 거센 모양이었다. 작은 우산으로 이겨내기에는 턱없이 부족해 보여 우리는 어쩔 수 없이 우비와 바람막이를 꺼냈다.
"바람막이 입을래? 아빠가 우비 입을까?"
아빠는 딸에게 바람막이를 양보하고 싶어 했다. 하지만 나는 한사코 거절하고 우비를 입었다.
"괜찮겠어?"
"당연하죠!"
아빠는 내가 입은 우비를 단정히 정리해주셨다. 내 몸보다 큰 우비가 백팩까지 감당하다 보니 생각보다 작게 느껴졌다. 그래도 어쩌겠는가? 노트북과 사진이 들어있는 백팩은 절대 젖으면 안 되는데.
버스 안에서 완전무장을 하고 피란의 버스터미널에 첫발을 내디뎠다. 아빠는 트래킹 전문가처럼 멋있는 복장이었지만, 나는 영락없는 우비 소녀였다. 피란에 이런 모습으로 당도할 줄이야.

피란으로 가는 내내 비가 내렸다

이상과 현실은 언제나 반대로 나타났다. 아름다운 해변의 여인 대신 우비 소녀로. 반대로 상상할걸. 그랬다면 혹시 지금 해가 쨍쨍 떠 있지 않을까?

피란의 버스터미널도 시골의 간이정거장 같았다. 다른 여행지에서는 흔한 지도조차 보이지 않았다. 비를 피해 건물 지붕 밑에 가만히 서 있는 사람들처럼, 모든 것이 갑자기 정지된 듯했다. 생각보다 비가 많이 내려 우비는 무용지물처럼 느껴졌다. 나는 빨리 비를 피해 숙소로 가고 싶어서 평소처럼 침착하지 못하고 우왕좌왕했다. 비를 맞으며 둘러봐도 인포메이션 센터는 보이지 않았다. 막 출발하려는 버스를 붙잡아 어디로 가느냐고 물었지만, 우리가 원하는 곳이 아니었다. 이미 버스가 한 차례 사람들을 태우고 간 데다 비까지 와서 버스 정거장에는 사람이 별로 없었다. 그나마 있는 사람들은 영어를 못 했다.

결국 우리는 캐리어를 끌고, 배낭을 멘 채 비를 맞으며 버스를 타고 온 방향과 반대 방향으로 걸어가기로 했다. 아빠의 걸음이 무거워 보였지만, 여기에 계속 앉아 있을 수는 없었다. 비가 내리는 피란은 생각보다 추웠다. '모 아니면 도겠지. 길은 여기 아니면 저기밖에 없으니. 숙소가 바닷가 근처라니까, 바닷가 길을 따라가면 나오겠지.'

빨리 숙소에 가서 비와 추위에서 벗어나고 싶었다. 힘겹게 짐을 끌고 나를 따라오는 아빠가 걱정되자 발걸음이 더 빨라졌다. 숙소를 빨리 찾아야 한다는 의지는 초인적인 힘을 발휘하게 했다. 그게 아니고서야 캐리어에 배낭에 보조 가방까지 들고 그렇게 빠를 순 없었다. 거추장스러운 우비는 자꾸만 내 시야를 가렸다. 아빠는 뒤에서 먼저 가라고 손짓하시며 천천히 걸었다. '얼른 숙소를 찾아야만 해!'

조금 더 걷자 익숙한 이름이 눈에 들어왔다.

"찾았다! 피란! 아빠, 숙소 찾았어요!"

숙소가 눈에 들어오고서야 한시름 놓고 아빠를 기다릴 여유가 생겼다. 한결 편해진 마음으로 아빠의 발걸음에 보조를 맞춰 걸었다. 아빠는 이미 지쳐 보였다. '젊은 나도 짐 들고 비 맞으며 이동하기가 힘든데, 몸이 안 좋은 아빠는 얼마나 힘드실까?'

"제가 좀 도와드려요?"
"아니야, 아빠 혼자 할 수 있어. 딸 먼저 가. 뒤따라갈게."
"그럼 먼저 가서 숙소가 맞는지 볼 테니까 저 놓치지 말고 잘 따라오셔야 해요."
'비'라는 방해물이 없었다면 바닷가 풍경을 즐기며 천천히 거닐었을지도 모를 피란의 거리인데, 처음으로 비가 원망스러웠다. 아름다운 지중해의 해안에서 유유자적하는 여행을 상상하며 왔는데, 현실은 으슬으슬 추위에 떨며 비를 맞고 있다.
설상가상으로 숙소에 엘리베이터가 없었다. 여기까지 오는 여정만으로도 충분히 지쳤는데, 짐을 전부 저 위로 올려야 하다니.
"아빠, 여기서 잠시 기다리세요. 제가 올라갔다가 올게요."
리셉션에 들어가자 주인아저씨가 반갑게 인사를 건넸다. 친절한 주인을 만나자 답답했던 가슴이 펑 뚫리는 기분이었다. 아저씨는 이것저것 질문하며 우리 여행에 관심을 보였다. 즐겁게 대화하던 것도 잠시, 내일 일정 때문에 걱정이 물밀 듯 밀려왔다. 막연하게 간다는 계획만 있을 뿐, 정해진 숙소도 예약된 교통수단도 없는 베네치아행. 한국에서도 알아봤지만, 명확하지 않아 보류해뒀는데 그 날이 다가온 것이다.
아저씨의 말에 따르면, 피란에서 베네치아까지 한 번에 가기는 어렵고 페리를 타거나 코페르(Koper)에 가서 갈아타는 것이 최선이라고 했다. 그런데 페리는 우리가 떠나는 날은 운행하지 않았다. 환승에 환승을 거듭해 국경을 넘는 수밖에 없었다.
내가 가장 기대하던 곳이 최악의 여행지가 될까 봐 살짝 두려워졌다. 언제나 그렇듯 오랜 여행길에선 나를 시험에 들게 하는 순간이 찾아오곤 하니까, 그게 바로 지금일지도. 피란에서 나는 해안의 여인은커녕 우비 소녀가 되었고, 기대했던 밝고 따스하고 푸르른 바다는 어둡고 차가운 회색빛이었다. 비는 억수로 쏟아지고 앞뒤로 챙겨야 하는 짐과 걷기 힘든 아빠까지. 당장 내일 베네치아에 어떻게 갈지 불확실한 상황에 불안감이 엄습했다.

'이럴 순 없어. 왜 하필 피란에서야?! 내가 얼마나 기대하고 온 곳인데! 아, 몰라 몰라. 어떻게든 되겠지. 지금은 아무 생각도 하기 싫어!' 정신줄을 놓았다 잡았다를 반복하며 아저씨와 대화를 마칠 때쯤, 계단 밑에서 기다릴 아빠가 생각났다.

"아차, 아빠!"

방 열쇠를 받고 허둥지둥 계단을 내려갔다. 아빠는 처음 이곳에 당도한 모습 그대로였다.

"우리 방 ○○○호예요. 짐 들고 올라가야 해요."

오늘따라 유난히 높고 험해 보이는 계단. '하…. 담에 여행할 땐, 절대 캐리어 가져오지 말아야지.'라고 생각하던 순간, 다행히도 아저씨가 내려와 짐을 옮겨주었다. 피란 날씨는 최악이었지만, 주인의 친절함은 최상이었다. 이렇게 고마울 수가. 그 덕분에 나는 아빠의 짐만 옮기면 됐다. 아빠의 캐리어는 내 것보다 가벼웠다. 아빠는 짐을 들고 낑낑거리며 계단을 오르는 나에게 미안했는지 자꾸 말렸지만 짐을 쉽사리 내려둘 순 없었다.

드디어 도착!

"아저씨, 감사합니다."

유럽여행에서 첫 라면을 대령하다

드디어 첫 라면을 개시했다. 아빠의 가방에서 언제 나오나 오매불망 기다리던 소중한 비상식량. 아빠는 라면을 꺼내기 전에 꽁꽁 밀봉했어도 혹시 샐까 봐 불안했던 김치의 상태부터 확인했다.

"아직 무사하다, 김치! 얼른 라면 먹자!"

아빠는 식탁 위로 김치와 라면, 두 개의 햇반을 올려놓았다. 아빠가 여행 중에 이렇게 빠른 적이 있었나 싶을 만큼 놀라운 속도였다.

"아빠, 우리 숨 좀 돌리고 먹어요."

"……."

아빠는 내 말을 못 들으셨는지 봉지에 있던 김치를 벌써 그릇에 담고 있으셨다. 얼마 전 류블랴나 호텔 냉장고에서 터져버린 김치. 프라하에서 사서 우리와 함께 국경을 넘어온 김치. 호텔에서 열심히 익어가는 것을 나는 까맣게 몰랐다. 바쁜 일정 탓에 씻고 자기 급급했던 나에게 복수라도 하듯 김치 봉지는 냉장고 안에서 터져버렸다. 다행히 아빠가 김치 상태를 매일 확인하셨나 보다. 그날 아침, 눈을 떴는데 아빠가 냉장고 앞에서 다급하게 무언가를 하고 있으셨다.

"뭐하세요?"

"딸…. 그게 말이지, 김치가… 터졌어."

무겁고 피곤한 몸을 이불에 깊숙이 집어넣어 좀 더 따뜻한 기운을 느끼고 싶었던 나는 순식간에 벌떡 일어났다.
“김치가요?! 왜요?”
“날이 더워서 부풀었다가 압력 때문에 터졌나 봐. 그래도 많이 안 튀어서 아빠가 냉장고 닦았어. 이제 괜찮을 거야. 아빠가 잘 밀봉할게.”
유독 무더웠던 여름 날씨에 비행기까지 타고 올 때부터 김치가 조마조마했던 모양이었다. 우리는 김치를 잘 밀봉하여 냉장고에 넣은 후, 피란에서 남은 김치를 다 먹어버리겠다고 결의를 다졌다. 그때까지 김치가 무사하길 바랐다.

이 여행에서 처음 먹은 라면

다행히 피란에 도착해 확인한 김치는 괜찮았다. 조금 쉰 냄새가 코끝을 자극했을 뿐. 김치 냄새에 본능적으로 반응하는 우리는 누가 뭐래도 한국인이었다. 이 집에 냄새가 배기 전에 얼른 먹자는 생각이 짐 정리하고 쉴 틈도 없이 나를 분주히 움직이게 했다. 햇반을 데우고 라면을 끓였다. 라면을 좋아하지 않는 나에게도 라면 냄새만큼은 쉽사리 거절할 수 없는 유혹이었다. 타국에서 맡는 라면 냄새는 더더욱. 여행 내내 한식이 먹고 싶은 적이 없었는데, 오늘만큼은 아니었다. 비에 젖어 차가워진 내 몸은 라면이 익기도 전에 따뜻한 국물을 갈망했다. 라면 그릇을 탁자에

올리자 수증기 가득한 연기가 피어났다.
우리 여행에서 첫 라면이 개봉된 그 순간, 그동안의 피로감이, 아까의 빗물들이 내 발 밑으로 다 씻겨나가는 듯했다. 아빠의 얼굴에 희미한 미소 꽃이 피었다.
"딸, 라면 정말 맛있다. 타국에서 먹으니 꿀맛이네. 이래서 사람들이 해외여행에 라면을 가져오는가 보다."
"그렇게 맛있어요?"
"응, 유럽 와서 지금까지 먹은 음식 중에 제일 맛있는데?!"
역시 타국에서 먹는 라면은 진리다. 거기에 김치와 밥까지 있는 식탁은 어느 식당의 음식보다도 푸짐하고 맛있으리라.
"잘 먹겠습니다!"

서운한 마음으로 피란을 홀로 걸었다

라면과 김치를 점심으로 해치우고 나자, 아빠는 바로 옆 소파에 누우셨다. 비를 맞아 차가워진 몸에 따뜻한 국물과 흰 쌀밥이 들어오자 노곤해졌다. 아빠는 그새 코를 골며 주무신다. 축 처진 육체가 의자와 합체해 떨어지지 않는 걸 보니 이제야 긴장이 풀리는 모양이다. '그냥 이렇게 쉬고 싶다.'
하지만 여기를 여행하겠다는 내 의지는 그 무엇으로도 꺾을 수

없었다. 얼마나 오고 싶던 곳인가? 류블랴나에서 베네치아로 바로 가면 편한데, 굳이 피란만큼은 꼭 가겠다며 1박을 잡을 만큼. 정보도 별로 없는 이곳을 꾸역꾸역 일정에 넣었는데 도착하자마자 나를 반겨준 것이 푸른 바다와 쨍한 햇살이 아닌 회색빛 바다와 쏟아지는 비였다니. 이렇게 힘들게 왔는데, 숙소에서 시간을 허비할 수는 없었다. 나는 또 한번 초인적인 힘을 발휘했다. 천근만근 몸을 의자에서 겨우 분리한 후, 식탁을 치우고 설거지를 했다. 아빠의 코 고는 소리가 커질수록 내 손과 발은 빠르게 움직였다. 짐도 다 풀고, 피란을 여행할 준비까지 마치고 난 후, 여전히 소파에서 주무시는 아빠를 깨웠다.

"그만 주무시고 구경하러 나가요! 비도 잠시 멈췄는데 또 오기 전에 빨리 보고 오는 게 좋겠어요."

아빠는 내 재촉에도 좀처럼 움직이지 않으셨다. 겨우 상체만 일으켰는데 아빠의 하체는 바닥을 디딜 생각이 없어 보였다. 아빠를 깨우는 데만 벌써 많은 시간이 흘렀다. 가뜩이나 날씨도 안 좋은데, 해 지기 전에 도시를 다 돌아보려면 더는 지체할 수 없었다. 조급함을 넘어서서 짜증이 났다. '여기까지 와서…. 왜 이래야 하는 거지? 아빠는 여행할 생각이 없는데, 내가 억지로 끌고 다니는 건가?'

"아빠 조금만 돌고 와요."

내 등쌀에 못 이겨 나온 아빠는 숙소 근처 바닷가 부두를 얼마 거닐지도 못하고 멈춰 한참을 앉아 있었다. 나는 잠시 멈춘 비가 다시 내릴까 봐 마음이 급해졌다. 아빠의 느린 속도가 참기 어려워질 무렵, 아빠가 조용히 말을 건넸다.

피란 숙소 근처의 부둣가 풍경

타르티니 광장에 서서

"더는 못 걷겠어. 허리가 너무 아프다. 아빠는 숙소에 갈 테니까 딸은 가서 보고 와."

그 순간, 참았던 온갖 감정이 또다시 쏟아져 나오려 했다. 아빠가 아파서 그러신 걸 알면서도, 내 머리는 그 말을 생략해버렸고 혼자 돌아다니다 오라는 말만 남았다.

"알았어요! 그럼 아빠 알아서 숙소 가세요. 전 혼자 보고 올게요!"

아프다는 아빠를 뒤로 한 채 냉정하게 돌아섰다. 여태까지 아빠 건강을 걱정하던 딸은 사라지고 없었다. 아빠한테 서운했다.

아빠를 모시고 다니느라 신경을 곤두세우고 이것저것 챙기느라 힘들었던 지난 여행길이 주마등처럼 스쳤다.

'나도 힘들다구요. 나도….'

길에서 만난 번지수 표지판

내가 원한 피란 여행은 온데간데없고, 덩그러니 혼자 남아 거닐고 있다. '이건 내가 그렸던 그림이 아니라고!'

걷고, 걷고, 또 걸었다. 광장의 인포메이션 센터에서 받은 지도 한 장 들고 마구잡이로 사진을 찍으며 골목을 거닐었다. 동양인이 드문 곳을 동양인 여자 혼자 돌아다니니 사람들이 계속 쳐다보았다. 동물원의 원숭이가 된 기분. 혼자 셀카를 찍어대니 자꾸 힐끔거렸다. 말을 거는 사람도 있었지만 지금만큼은 철저히 혼자가 되고 싶었다. 복잡한 마음을 정리할 시간이 필요했다.

내 속은 다음 여행길에 대한 설렘보다는 지나온 여행길에 대한 피로감으로 가득했으니까.
성 유리야 교회를 지나 요새로 향했다. 가파른 오르막길이 나왔다. 마음도 안 좋은데, 또 힘들게 올라가야 하다니. 하나같이 마음에 드는 게 없다. 오늘 나한테 왜 그러는 거야.
숨이 찼다. 안 가면 그만인데, 시작하면 끝을 봐야 하는 이상한 오기는 오늘도 어김없이 발동됐다. 꾸역꾸역 간신히 오른 정상에는 피란의 옛 요새가 버티고 있었다. 세월의 흔적이 고스란히 남은 돌 요새는 높은 곳에서 작은 도시 피란을 내려다보고 있었다. 좁고 가파른 돌계단을 오르니 탁 트인 바다와 피란 시내가 시야에 들어왔다. '이래서 아름답다고 했구나.'
비 오고 우중충해진 날씨 때문에 피란의 매력을 전혀 느끼지 못했는데 그제야 왜 피란을 아름답다고 하는지 이해할 수 있었다. 이전에 본 두브로브니크와 비슷한 광경이 펼쳐졌다. 주황색 지붕으로 가득한 도시와 도시를 둘러싼 바다. 답답한 마음이 펑 뚫리는 듯한 느낌이었다.
다행히 비가 잠시 멈춘 지금 이 순간, 이 도시의 광경을 내려다보는 데 방해되는 것은 아무것도 없었다. 나는 한동안 거기서 머물렀다. 넋 놓은 채로 하늘과 망망대해에 떠 있는 콩알만 한 배들과 새를 바라보며.

평온한 시간도 잠시, 저 멀리 저 건너 도시의 바다와 하늘 경계 위로 뭔가 반짝였다. '설마 저건! 번개?!'
번개가 치고 난 후, 바다와 하늘 사이로 용솟음치는 무언가도 눈에 들어왔다. 난생처음 보는 광경. 수평선에 비의 어두운 파란 빛이 무섭게 소용돌이치는 듯했다. '무섭다. 바다가. 아니 자연이. 내가 바다 위에서 배를 타고 있었다면 어떻게 됐을까?'
생각만으로도 오싹했다. 자연이 얼마나 무섭고 대단한 존재인지 저 모습 하나로도 충분하게 느껴졌다. 이 순간의 감정을 잊고 싶지 않아 번개를 카메라에 담겠다고 셔터를 눌러댔지만, 빛의 속도를 도무지 따라갈 수 없었다. 나는 한 장도 건지지 못하고 내 두 눈에만 담았다.
천둥번개가 멈추자 주변이 고요하고 평온해졌다. 가파른 곳에 있는 작은 요새인 데다 비까지 내려서인지 사람들도 많지 않았다. 대부분 연인인 듯한 남녀가 요새 곳곳에서 데이트하며 사진을 찍고 있었다. 부러웠다. '난 여기서 혼자 셀카를 찍고 있는데.'
그때쯤이었다, 아빠가 생각난 건.
'아빠는 숙소에 잘 들어가셨을까? 혼자 심심하시지 않을까? 이렇게 멋진 풍경을 아빠도 보셨어야 하는데. 내가 왜 여기 오고 싶어 했는지 아빠가 공감해주셨다면 좋았을 텐데. 아쉽다. 나 혼자 보고 있어서.'
생각해보니 여행 내내 아빠와 나는 한 시간 이상 떨어져 지낸 적이 없었다. 태어나서 이렇게 오랫동안 아빠랑만 붙어있었던 적도 없었다. 화나고 서운했던 마음이 누그러들자 아빠가 보고 싶어졌다.
'어쩌면 너무 내 생각만 했는지 몰라. 젊은 나도 온종일 돌아다니면 피곤하고 힘든데. 몸도 안 좋은 아빠는 얼마나 힘드실까? 그걸 이해 못 하고, 오히려 화내며 혼자 나왔으니 아빠는 또 얼마나 마음이 안 좋으실까?'

요새 위에서 바라본 슬로베니아 대표 휴양도시 피란 전경

이번 여행은 나 혼자만을 위한 것이 아니라 처음부터 아빠를 위한 여행이었다. 그렇다면 모든 게 아빠를 위한 것이어야 한다. 아빠가 싫다면 안 가는 것이 맞다. 그런데 난 여태 내 욕심을 채우느라 아빠를 배려하지 않았다.

혼자서 피란을 거닐며 요새까지 올라와 피란 전경을 내려다보면서 많은 생각이 들었다. 피란에서 마주했던 모든 날씨가 아빠와 여행을 하며 느꼈던 나의 복잡하고도 미묘한 마음을 대변하고 있는지도 모른다. 여행 내내 내 감정을 이토록 깊이 들여다본 적이 없었는데 오롯이 혼자 남겨진 지금에서야 나와 이야기를 나눌 여유가 생겼다. 여행하면서 혼자만의 시간이 필요한 건, 정신없이 흘러가는 시간 속에서 잊힌 나를 찾기 위함이겠지? 더욱 솔직한 나를 마주하기 위함이겠지?

나는 오랜 시간 요새에 머물며 복잡한 마음을 차분히 정리하고 해가 질 때쯤에야 광장으로 향했다. 마음이 평온해지자 혼자만 멋진 피란의 시내를 내려다본 게 마음에 걸렸다. 작은 마트에 들러 내일 아침에 먹을 것들을 샀다. 편찮으신 아빠가 라면과 밥만 드신 게 미안해져서 주변 식당을 둘러봤지만 아빠가 좋아할 만한 건 딱히 눈에 띄지 않았다. 숙소에 들어가면 무슨 말을 건네야 할까? 그래, 오늘 저녁은 오랜만에 아빠랑 맛있는 걸 먹으러 가야지. 조금만 기다려주세요! 아빠 딸이 곧 갑니다~

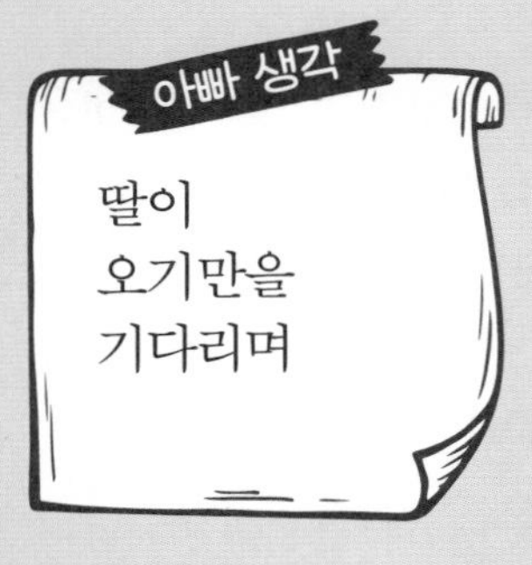

딸이 잔뜩 기대하던 바닷가 피란은 올 때부터 종일 비가 내렸다. 딸은 궂은 날씨에 실망한 표정이었다. 류블랴나에서 베네치아로 바로 가는 게 좋지 않겠냐고 딸에게 물었을 때, 한국에서부터 여긴 꼭 가고 싶었다면서 힘들어도 가겠다고 해서 온 건데. 하늘이 야속했다.

기운이 빠져 보이는 딸에게 숙소에 도착하자마자 비장의 무기를 꺼내줬다. 그것은 바로 라면! 언젠가 때가 되면 먹자고 트렁크에 꼭꼭 숨겨놓은 라면이 등장할 타이밍이었다. 딸도 라면을 먹고 나면 기분이 좋아지겠지? 햇반과 좀 쉬어터졌지만 김치도 있지 않던가? 한국 사람은 한식을 먹어야 기운이 나는 법!

숙소에 풍기는 라면 냄새가 이렇게 좋을 줄이야! 피란에서 먹는 라면은 말이 필요 없을 정도로 맛있었다. 라면은 순식간에 동이 났다. 라면을 좀 더 많이 챙겨올 걸 후회했지만, 이거라도 어디냐며 감사했다. 딸도 기운이 좀 나는 듯했다. 라면을 먹고 나니 피로가 몰려와 짐도 제대로 풀지 않고 소파에 누웠다.

"아빠, 얼른 일어나세요. 피란 구경 가야죠!"

오늘은 이대로 자고 싶다는 생각이 절로 들었는데, 딸은 나를 어김없이 깨웠다. 얼마 안 잔 것 같은데 고새 설거지까지 마친 걸 보니 딸 체력이 보통은 아니다. 피곤할 법도 한데, 쉬지를 않는다. 결국 딸의 잔소리에 못 이겨 숙소를 나왔지만 도저히 걸을 수가 없었다. 비까지 오니 허리가 더 아팠다. 나는 용기를 내 딸에게 말했다.

"아무래도 아빠는 오늘 못 다닐 것 같아. 허리가 너무 아파. 진짜야. 오늘은 딸 혼자 다니면 안 될까?"

딸은 기분이 상한 표정이었다. 몇 번 같이 가자고 조르던 딸이 이내 포기하고는 뒤돌아 광장으로 혼자 걸어간다. '미안해 딸…. 정말 미안…. 오늘만 아빠 봐주렴.' 딸에게 너무 미안했지만, 오늘은 도저히 더 걸을 수 없었다.

숙소로 바로 돌아가려다가 요트가 떠 있는 부둣가를 보니 뭔가 아쉬웠다. 부두에 앉아 바다를 구경했다. 속이 다 들여다보일 만큼 깨끗한 바닷물, 부두에 정박한 요트, 바다 수영을 하는 사람들과 낚시하는 사람들, 정말 아름다웠다. 아름이도 같이 보면 좋았을 텐데. 지금쯤 어디서 무엇을 하고 있으려나? 내가 숙소에 있는 줄 알겠지? 어쨌든, 비 개인 피란의 해안은 좋구나. 나는 그 자리에서 오래도록 바다를 한없이 바라봤다. 아름이가 얼른 오기만을 기다리며.

화해는 생선을 타고

숙소에 들어가니 아빠가 소파에 외롭게 앉아 있었다. 계속 나를 기다리신 모양이다. 불도 안 켜고 몇 시간을.

"아빠, 배 안 고프세요?"

대답이 없었다.

"우리 저녁 먹으러 나가요. 오늘은 맛있는 거 먹어요. 바닷가니까 해산물 먹어요!"

아빠는 무뚝뚝한 딸의 조그만 용기를 알아채셨는지 금방 나갈 채비를 하고 따라오셨다. 여전히 잘 걷지 못했지만, 있는 힘을 다해 걷고 있는 듯했다.

"어디 갈까요?"

나의 물음에 역시나 아빠는 "아무 데나, 딸이 가고 싶은 곳."이라고 말씀하셨다.

걷기 힘들어하는 아빠를 위해 가까운 식당으로 들어갔다. 제법 분위기가 좋은 곳이다. 가격은 만만치 않았지만, 오늘은 혼자 다닌다고 돈도 안 썼고 아빠와 화해하는 저녁 식사인데 까짓 것 먹자, 생선! 우리가 지금껏 먹은 것 중에서 가장 비싼 음식으로!

해안가 근처 식당이라 생선 종류가 많았다. 문제는 사진 없이 영어로만 쓰여서 사전이 없는 지금, 몇 개 빼고는 무슨 생선인지 알 수 없었다. 그나마 아는 단어도 '이거다'라고 확신할 수 없었다.

지난번 류블랴나에서도 '생선'인 줄 알고 당당히 주문했는데, 작은 오징어류가 나와서 아빠는 당황한 표정이었다.

"뭐, 이것도 생선류지. 내가 생각한 생선은 아니지만…?!"

우리는 작은 오징어류를 씹고 또 씹어야만 했다. 똑같은 실수를 하고 싶지 않아서 사진이 있는지 물었다. 웨이터는 내 질문에 친절하게 미소를 지으며 잠시만 기다리라고 했다.

"웨이터가 사진 있는 메뉴판을 주면 시켜요."

잠시 후, 웨이터가 커다란 쟁반을 들고 우리에게 다가왔다.

'저게 뭐지?' 쟁반엔 커다란 생선 3마리가 팔딱이며 누워있었다. 사진이 있는 메뉴판 대신 물고기들을 눈앞에 대령했다. 타국의 고급스러운 레스토랑에서 한국 횟집처럼 눈앞에서 살아있는 큰 물고기를 보게 될 줄이야.

"아까 말씀드린 물고기들이에요."

한결같은 미소로 천천히 설명해주는 웨이터와 쟁반 위에서 팔딱거리는 물고기를 보면서 세 마리를 다 먹어야 하나 싶어 당황스러웠고, 한편으로는 물고기와 쟁반을 든 그에게 미안해졌다. '내 영어가 좀 더 괜찮았다면, 물고기도 웨이터도 덜 수고로웠을 텐데.'

그는 물고기 한 마리면 두 명이 충분히 먹을 수 있다며 맛있는 물고기를 추천해주었다. 세 마리를 가져온 건 어디까지나 어떤 물고기인지 궁금해하는 우리를 위한 서비스였다. 다른 테이블 어디서도 우리처럼 주문하는 곳은 없었다.

"정말 고맙습니다."

세심한 서비스에 아빠와 나 사이에 흐르던 어색한 기류가 조금

피란의 밤 풍경

사라졌다. '저분이 뭔가를 알고 있었나?' 수족관 앞에 아빠와 어린 딸로 보이는 한 가족이 집게발이 묶인 바닷가재를 구경하고 있었다. 젊은 아빠는 신기해하는 딸에게 설명해주며 잘 볼 수 있게 딸을 들어 올려주었다. 우리에게도 저런 때가 있었을 텐데. 지금은 아빠가 들어 올릴 수 없을 만큼 커버린, 아빠 말은 듣지 않고 내가 더 많이 안다고 큰소리치는 딸이 있을 뿐. 저 어린 딸이 언젠가 나처럼 자라 지금과는 달라진 아빠를 마주하면, 어떤 기분이 들까?

생선살까지 일일이 발라주는
친절한 웨이터

주문한 생선이 큰 접시에 담겨 나왔다. 반질반질한 윤기와 고소한 냄새가 당장이라도 살을 발라내고 싶도록 식욕을 자극했다. 하지만 웨이터는 우리 앞에 생선을 놔주지 않았다. 생선살을 일일이 발라주는 게 아닌가.

"와, 여긴 생선살도 발라주나 봐요! 이것도 서비스?!"

"여기 좋은 곳인가 봐. 사람들이 친절하네. 휴양지라 그런가?"

어디서도 받아보지 못한 훌륭한 서비스였다. 지금, 이 순간만큼은 배낭여행자가 아닌 듯했다. 생선은 지금까지 먹은 것 중에서 가장 맛있었다. 아빠도 맛있는지 전과 달리 계속해서 드셨다. 오늘 저녁은 성공이다.

식사 후에도 웨이터는 음식은 맛있었는지, 분위기는 좋았는지를 물었다. 내가 아빠를 모시고 여행 온 것을 알아차린 듯 영수증을 나에게 주었다. 미안한 마음에 큰맘 먹고 아빠에게 비싼 저녁을 대접하러 온 게 내 표정에서 드러났는지도 모른다. 그래서 자꾸 우리 상태를 확인하며 친절하게 대해줬는지도. 나는 식당에서 뜻밖의 감동을 받아 나갈 때까지 계속 고맙다고 인사했다.
웨이터와 식당 주인도 우리가 나가는 순간까지 미소를 지었다.
비가 와서 실망하고, 계획이 틀어지고, 아빠와 냉전을 치러서 속상하고 아쉽던 피란에서의 첫날, 불편한 마음이 조금이나마 누그러졌다.
"여기 오길 정말 잘했네요. 맛도 좋고 서비스도 좋고. 지금까지 먹은 음식 중에 가장 맛있었어요. 그래도 바닷가에서는 회를 먹어야 하는데, 그게 좀 아쉽지만."
"그러게, 바닷가에 오면 회를 먹어야 하는데, 한국 가면 우리 회 먹자. 딸!"
걱정스럽던 저녁 식사는 기분 좋게 마무리되었다. 크게 웃거나, 신나게 수다를 떤 건 아니었지만, 우리만 느낄 수 있는 무언가를 공유했다. 말하지 않아도 서로의 마음을 이해할 수 있었다. 아빠와 나는 다시 말문을 열고 서로에게 서운했던 마음을 밤바다의 파도와 함께 떠나보냈다. 해안가의 왁자지껄함 없이 고요하기만 했던 피란의 밤. 불빛이 드문 어둠 속에서 피란의 밤이 끝나가고 있었다.
아빠, 오늘 하루… 정말 미안했어요….

Part4.

아빠와 나란히 걷는 세상, 이탈리아

AUSTRIA
BERN
SWITZERLAND
HUNGA
Bolzano
Trento
LJUBLJANA
SLOVENIA
ZAGREB
CROATIA
ANCE
Milan
Vicenza
Verona
Padova
Venice
Triest
Turin
Piacenza
Parma
Modena
Reggio nell' Emilia
Genoa
Ravenna
La Spezia
BOSNIA
HERZEGOV
MONACO
Pisa
Florence
SAN MARINO
ITALY
LIGURIAN SEA
Elba
Perugia
ADRIATIC S
ANCE
Corsica
Pescara
1
2
3
4
5
6
7
8
9
10
11
12
13
14

유럽 남부 지중해를 접하고 있는 나라
지중해성 기후의 아름다운 자연 환경을 지니고 있는 나라
유럽의 역사, 예술, 문화를 형성하는 데 많은 영향을 미쳤으며, 수많은 유네스코 세계문화유산을 간직한 나라다.

이탈리아 주요 여행 장소

1 트리에스테(Trieste): 슬로베니아 국경 근처에 있는 이탈리아 항구 도시
2 베네치아(Venezia): 이탈리아 베네토 지역에 있는 유명한 물의 도시
3 산타루치아역(Stazione di Venezia Santa Lucia): 베네치아 본섬에 위치한 기차역
4 부라노 섬(Burano): 특산품 레이스 장식품 및 아이유 뮤비 촬영지로 유명한 섬
5 산마르코 광장(Piazza San Marco): 베네치아에서 가장 유명한 광장으로 산마르코 대성당과 종탑이 있는 곳
6 탄식의 다리(Ponte dei Sospiri): 두칼레궁전에서 나온 죄수들이 한숨을 쉬며 지나간 다리
7 리알토 다리(Ponte di Rialto): 베네치아를 대표하는 석조 다리
8 밀라노(Milano): 이탈리아의 경제, 산업, 교통, 예술, 패션, 디자인 등을 대표하는 도시
9 밀라노역(Milano Centrale): 이탈리아의 교통의 중심이 되는 유럽의 대표적인 철도역
10 산타마리아 델라 그라치에 성당(Chiesa di Santa Maria delle Grazie): 레오나르도 다빈치가 그린 '최후의 만찬'이 있는 성당
11 밀라노 두오모 대성당(Duomo di Milano): 밀라노를 대표하는 웅장하고 아름다운 세계적인 성당
12 스포르체스코 성(Castello Sforzesco): 밀라노 대표적 르네상스 궁전으로 박물관, 미술관 등이 있는 곳
13 비토리오 에마누엘레 2세 갤러리아(Galleria Vittorio Emanuele II): 두오모 대성당 옆에 있는 아케이드 형식의 밀라노 대표적 쇼핑몰
14 몬테 나폴레오네 거리(Via Monte Napoleone): 명품 및 패션브랜드가 즐비한 밀라노 대표 쇼핑 거리

조금씩, 천천히 가까워진다

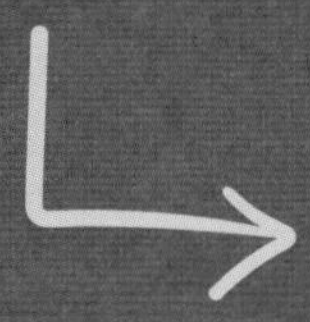

6

베네치아까지 무사히 갈 수 있을까?

슬로베니아에서 이탈리아로 국경을 넘어야 하는 날. 정해진 건 아무것도 없었다. 베네치아까지 가는 페리를 탈 수 없게 되었는데 숙소 주인이 코페르에 가면 이탈리아행 버스가 있다고 말해줬다. 여러 가지 루트와 방법을 모색한 끝에 피란에서 코페르와 트리에스테(Trieste)를 거쳐 베네치아로 이동하기로 했다. 피란에서 코페르까지는 수시로 버스가 다녀서 별걱정 없었지만, 코페르에서 트리에스테까지 가는 루트는 출발 시각 외에는 아는 것이 없었다. 하나라도 어그러지면 그다음은 알 수 없는 상황이었다.

피란에서 '샤랄라' 해변 원피스와 챙 큰 모자 차림으로 거닐고 싶었던 작은 소망은 피란을 떠나는 순간까지도 이루어지지 않았다. 올여름 바다에서의 꿈은 이렇게 사라졌다. 어제보다는 잦아졌지만 피란에는 여전히 비가 내렸고 춥기까지 했다. 나는 거추장스러운 우비와 우산을 가방에 집어넣고, 챙 모자 대신 목에 감고 있던 스카프를 머리에 두르고 짐을 끌었다. 아침부터 비와 땀으로 범벅이 돼가고 있었다.

코페르행 버스에 오르자마자 졸음이 쏟아졌지만 어디에서 내려야 하는지 알 수 없어 꾸벅꾸벅 졸면서도 긴장의 끈을 놓지 못했다. 비는 계속 오고, 창밖은 안 보이고, 역은 많고, 버스가 출발한 지 30분쯤 지나자 초조해졌다. 항구가 보이면서부터 내리는 사람들에게 계속 코페르냐고 물었다. 친절한 아저씨가 곧 센터에 간다고 말해주었고, 아줌마가 메인 스테이션을 가르쳐주었다.

"아빠, 여기서 내려야 해요."

여전히 비가 내렸다. 비만 오지 않았어도 이렇게 힘겹지는 않았을 텐데, 오늘따라 유독 버거운 짐들을 잠시 두고 트리에스테행 정거장을 찾았다. 19번, 여기다! '페리 운행 날 그냥 페리를 타고 갔으면 이 고생을 하지 않았을까? 내가 괜한 고생을 사서하는 건가? 최아름 너, 힘이 남아도니?! 안 힘들어?!'

버스 시간이 남아 화장실에 다녀오는데 멀리서 아빠가 누군가와 이야기하고 있는 게 보였다. 걱정되는 마음에 급하게 뛰어갔다. 아빠는 노부부와 함께 서 있었다.

"이분들은 누구세요?"

"중국인인 것 같아."

그들은 나에게 유레일 패스를 보여줬다. 거기에는 타일랜드라고 쓰여 있었다. 할머니는 이곳에서 동양인을 만나 반가운 모양인지 스위스, 오스트리아, 체코, 슬로베니아 등지를 여행 중인데 11월쯤에는 한국에도 갈 것 같다고 말했다. 나는 노부부과 솅겐 비자 이야기도 하고, 그동안의 여행 이야기도 짧게 나눴다.

"좋은 여행 되세요. 인연이 되면 한국에서도 보겠지요."

"감사합니다. 좋은 여행 하세요!"

내 옆에 말없이 서 있던 아빠는 노부부와 헤어지고 나자 조용히 말문을 열었다.

"중국 사람들 맞지?"

"아니요, 태국 사람이요. 그런데 아빠, 저 사람들이랑 어떻게

비 내리는 트리에스테의 버스 정류장

이야기했어요?"

"그냥 눈치껏 말했지. 어느 나라 사람이냐고 묻는 것 같아서 한국인이라고 했어. 태국 사람들이었구나…. 뭐라고 계속 말을 거는데 아는 말에만 대답했어."

"아빠도 참. 누군지도 모르는 사람이랑 이야기도 하고! 이제 여행에 적응 다 했네요!"

한 대의 버스가 정거장을 향해 들어왔다. 버스가 멈춰 서자마자 내리는 운전사를 붙잡고 물었다.

"이탈리아 트리에스테 가나요?"
"예스!"
혹시나 내 발음이 잘못됐을까, 다른 곳에 있는 곳일까 싶어 재차 확인한 뒤 짐을 싣고 무사히 버스에 안착했다. 여행 10일차가 넘어가자 피로가 쌓여서 차만 타면 잠에 취했다. 고개가 상하좌우로 미친 듯이 돌아갔다. 누가 보면 상고머리를 돌리는 줄 알았을 거다. 열심히 졸다가 잠깐 눈을 떴는데 내리는 사람들의 실루엣이 들어왔다. 그들 중 몇몇을 급하게 붙잡고 여기가 트리에스테가 맞는지 물었다.
"아빠, 우리 내려야 해요."
넋 놓고 있던 아빠는 딸의 번뜩이는 움직임에 놀랐는지 가방을 주섬주섬 챙기셨다.
"아저씨, 저희도 내려야 해요!"
좀만 굼떴거나 눈을 뜨지 않았더라면, 그냥 지나칠 수도 있었다. 내 여행에서 가장 큰 적은 배고픔보다 잠이었다. 잠은 내가 노력한다고 해서 줄일 수 있는 것이 아니니까. 하루 이틀이야 참고 넘겼지만, 장기간 잠 부족은 참을 수 없었다.

트리에스테 발 기차에서 듣는 옛날이야기

“기차역이 이 근처에 있을 거예요. 기차역 찾으러 가요.”
조금 헤맸지만, 전날 알아본 대로 기차역은 버스 정류장 옆에 있었다. 다행히 베네치아행 기차표가 매진되지 않았다. 그제야 마음이 놓였다. ‘베네치아에 진짜 가는구나.’
기차에 올라서 짐을 좌석 사이에 꾸역꾸역 집어넣고 나는 다시 졸기 시작했다. 피로가 한꺼번에 몰려오는 느낌이었다. 눈을 뜰 때마다 맞은편에 앉은 아빠는 밖을 바라보고 있었다. ‘그래도 아빠가 계셔서 든든해.’
베네치아 근처에 도착할 무렵에야 정신을 차릴 수 있었다.
“아빠, 무슨 생각 하세요?”
“옛날 생각. 아빠가 어렸을 때 기차 타던 생각이 나서. 너희는 상상도 못 하겠지만, 기차 안에 검은 연기 가득했지. 피난 가는 것처럼 수많은 사람이 옹기종기 모여 탔었고. 속도도

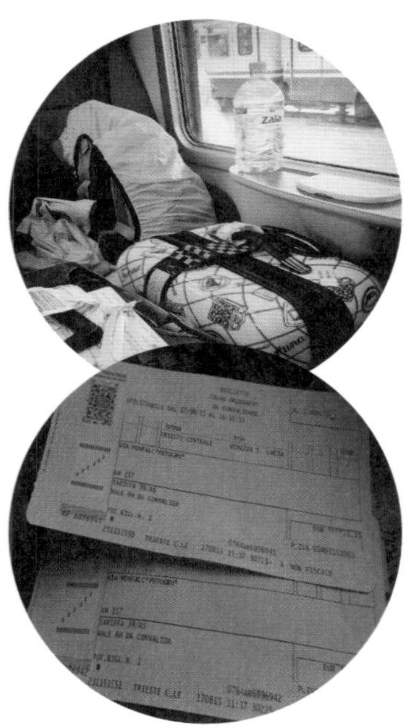

기차 위에 올린
우리의 많은 짐과 기차표

얼마나 느렸는데? 그래도 그땐 그 기차가 얼마나 타고 싶었는지 몰라."

지금으로선 상상하기 어려운 이야기였다. 우리는 베네치아행 기차 안에서 기차에 대한 각자의 추억을 공유하며, 30년이라는 시간의 간극을 허물었다. 이야기가 마무리 돼갈 무렵, 차창 밖 희미한 햇살이 구름 사이로 얼굴을 내밀었다.

"이제 비가 그쳤나 봐요. 하늘이 개는 것 같죠?"

"그러네, 이제 비가 멈추나 보다. 저기, 해가 나네."

"아…. 피란에서는 해 한번 안 뜨더니…."

"여기 꼭 우리나라 시골 같다. 딱 시골 풍경이야. 친근하네!"

"그래도 여긴 베네치아예요."

드넓게 펼쳐져 있는 구름 사이로 얼굴을 살짝 내미는 햇살에 우리는 긴장을 풀고 미소를 지었다. 기차는 빠르게 시골 풍경의 평온함을 가르며 앞으로 향했다. 얼마 지나지 않아 베네치아에 도착한다는 차내 방송이 들려왔다. 이렇게 반가울 수 있을까?

"우리 오늘 무사히 도착했어요! 여기가 바로 베네치아예요!"

베네치아는 20대 초반에 배낭여행으로 방문한 적이 있었다. 동생과 같이 다녔는데 기차에서 싸우고 난 후, 속상한 마음에 기차역 구석에 숨어서 펑펑 울다가 경찰들에게 검문을 당했다. 경찰들은 나에게 무슨 일이 있나 싶어서 자꾸 이것저것 물었고, 우느라 대답을 제대로 못하자 내 여권을 가져갔다. 여권 조회 후 무사히 풀려났지만, 베네치아 여행은 전혀 즐겁지 않았다. 여행 내내 속상했고, 관계의 불편함 속에서 도시는 보는 둥 마는 둥이었다.

산타루치아역과 그 주변

다시 찾은 산타루치아역은 깔끔하고 세련된 느낌이었다. 상점들이 들어서 있었고, 내가 울던 구석은 사라졌는지 보이지 않았다. 여행객으로 가득한 역은 낯설지 않으면서도 낯설었다. 역 밖으로 가서야 사진 속에서 봤던 익숙한 풍경이 펼쳐졌다. 분명 처음 온 곳이 아닌데, 처음 온 것 같은 느낌. 아무래도 베네치아에 대한 기억을 다시 만들어야 할 모양이다.

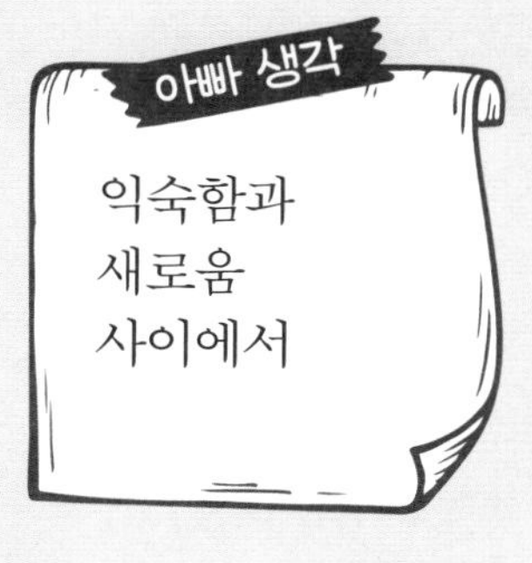

피란은 떠나는 날에도 비가 내렸다. 비는 이탈리아로 넘어가는 동안에도 계속 내렸다. 피란에서 코페르, 트리에스테를 거쳐 베네치아까지. 말만 들어도 오늘의 여정은 고될 것 같았다. 딸은 이런 상황에서도 버스나 기차에 앉기만 하면 졸기를 반복했다. 나는 혹시라도 못 내릴까, 짐을 잃어버릴까 봐 잠이 오지도 않는데, 딸은 잘도 잔다. 한국에서도 항상 차만 타면 자던 딸, 해외에 나와도 똑같네.

무사히 트리에스테 기차역에 도착했다. 하마터면 못 내릴 뻔했는데, 다행히 아름이가 내릴 때 깨서 부랴부랴 내렸다. 베네치아 가는 기차표를 사고 나니 긴장이 풀린다. 기차 타기 전에 화장실이나 다녀와야지 싶었는데, 여긴 다행히 무료란다. 유럽은 물도 돈 주고 사 먹고, 화장실도 돈 내고 쓰고. 인심이 참 야박하다. 물은 그렇다 쳐도, 인간의 생리현상을 해결하는 곳까지 돈을 받는 건 좀 너무했다. 그 돈이 너무 아깝다. 그래서 가끔은 화장실에 가고 싶어도 참았다.

무료 화장실이라고 기분 좋게 갔는데, 이용해보니 왜 무료인지 알 것 같았다.

"옛날 시골 재래식 화장실이야. 이탈리아에도 이런 화장실이 있다니 충격이야 진짜! 심지어 세면대도 아래 버튼을 발로 눌러야 물이 나와. 물이 안 나와서 한참을 서 있었더니 다른 사람이 알려주더라고."

딸도 내 말에 공감했다. 내가 상상한 이탈리아는 이런 이미지가 아니었는데 여행하기도 전에 환상이 와장창 깨져버렸다.

베네치아행 기차를 타고 바라본 창밖으로 한국의 시골 같은 풍경이 펼쳐졌다. 여기 꼭 한국 같네. 문득 옛날에 기차 타던 생각이 났다. 그땐 명절에 고향을 찾는 분들이 증기기관차에 매달려서 다녔다. 아름이는 상상도 못 하겠지만. 우리 땐 그랬는데 지금은 엄청나게 좋아졌다. KTX 타면 금방 가니까. 어릴 땐 이렇게 세상이 빠르게 변할지 전혀 상상도 못 했는데, 몇십 년이 흘러 딸이 내 나이가 되면 세상이 또 어떻게 변할지 궁금해진다.

조금씩,
천천히 우리는
가까워지고 있다

내가 예약한 숙소는 산타루치아역 인근에 있는 호텔이었다. 역 근처 호텔은 비싸서 쳐다보지도 않았는데 전날 검색하다가 우연히 싸게 나온 호텔을 발견하고는 급하게 예약했다. 다른 때 같으면 신중하게 하나하나 따져봤을 텐데 일단 싸고 역에서 가깝다는 조건만으로도 충분했다. 베네치아는 워낙 골목이 좁고 복잡해서 자칫하면 길을 잃기 쉬웠다. 내가 베네치아를 기억하지 못하는 이유 중 하나일 거다. 다행히 이 숙소는 다리를 건너 물가를 따라가다가 좁은 골목으로 들어서면 금방이라서 어렵지 않게 찾을 수 있었다.
"우리 딸, 길 잘 찾네. 아빠는 하나도 모르겠다."
"저만 따라오세요. 여기서는 제가 내비게이션이에요."
아빠는 해외에서는 길을 잘 찾는 나를 신기해하셨다.

숙소에서 잠깐 쉰 후, 따뜻한 햇살을 만끽하고자 밖으로 나왔다. 바닷물에 반사된 햇살은 눈이 부셨다. 반짝반짝 빛나는 물 위 태양이 베네치아에 어렵게 온 우리를 두 팔 벌려 환영하는 것 같았다. 베네치아에 홀린 것처럼 나는 물가에 놓인 식당의 테라스에 자리를 잡았다.

"오늘은 피자와 파스타 어때요? 이탈리아에 왔으니 피자와 파스타를 먹어야죠!"

분명 다른 데 가면 맛집이 많을 텐데, 아무런 고민도 없이 결정해버린 것은 베네치아의 아름다움을 이대로 놓치고 싶지 않았기 때문이리라. 아빠는 딸의 마음을 이해하셨는지, 별말씀 없이 그러겠다고 하셨다.

'정말 그리웠어. 따스한 햇살이. 따가워도 좋다 지금은. 빗물에 젖은 몸과 마음을 완전히 말려주렴.' 따스한 햇살 덕분에 좋아진 기분과는 반대로 음식들은 썩 맛있지 않았다.

"음식이 너무 짜다. 안 그래?"

"그러게요. 저도 짜요. 그래도 배가 고파서 그런지 다 들어는 가네요."

먹으면서 짜다고 투덜대면서도 우리는 깨끗하게 음식을 비웠다. 이곳에 오는 동안 매우 춥고, 배가 고팠으니까. 거기다 졸리기까지.

오늘은 쉬엄쉬엄 숙소 주변을 천천히 걷기로 했다. 더도 덜도 말고 산타루치아역 인근을 한 바퀴만 도는 게 좋을 것 같았다. 새벽부터 움직이며 긴장한 탓에 컨디션이 좋지 않았다. 그런데도 햇살이 좋아서인지 나는 자꾸만 발길을 재촉했고 아빠는 여전히 움직임이 둔한 데다가 낚시 구경에 정신을 빼앗겨 걸음마저 멈추셨다.

"이렇게 도로변에서 그냥 낚시하네. 여긴 어딜 가도 물이니 어디서든 낚시해도 되겠어."

"이거 계속 보실 거예요?"

내가 질문하기가 무섭게 아빠가 다급하게 소리쳤다.

"딸, 물고기야! 드디어 잡혔어!"

물의 도시답게 베네치아는 바다가 곧 도로였는데 사람들은 도로 옆에 서서 아무렇지 않게 낚시를 했다. 아빠는 다리 옆에서 낚시하는 할아버지를 한참 바라봤다. 마침 물고기 한 마리가 할아버지 손에 들렸다. 하나둘 몰려들어 구경하던 사람들은 일제히 손뼉을 치며 환호성을 질렀다. 우리도 얼떨결에 사람들을 따라 손뼉을 치며 할아버지가 월척을 낚은 걸 축하했다.
할아버지는 축하에 개의치 않고 다시 낚싯바늘에 밥풀 같은 것들을 뭉쳐서 매단 후, 낚싯대를 물에 던졌다. 아빠는 할아버지와 낚싯대의 미세한 움직임을 번갈아 바라보며 나에게 낚시에 관해 설명해주셨다. 그 자리에서 꼼짝도 하지 않는 아빠를 보니 낚시에 관심이 많으셨던 모양이다. 내가 아주 어릴 때, 아빠와 아빠 친구들을 따라 바다낚시를 갔던 기억이 있지만, 그 후론 낚시하러 가시는 걸 본 적이 없었는데….
할아버지가 한동안 허탕을 치자 나는 슬슬 지루해졌다.
"인제 그만 가요. 물고기도 안 잡히는데."
"아니야, 낚시는 기다려야 해. 잡히겠지. 이만큼 잡았는데. 기다리다 보면 또 잡힐 거야."
아빠는 자리를 떠날 생각이 없어 보였다.
"그만 가요! …아빠!"
"알았어. 기다리면 물고기가 잡힐 텐데…."
착한 딸이 되겠다던 피란에서의

바닷가에서 낚시에 여념이 없는 할아버지

아름다운 도시를 여유롭게 거닐다

다짐은 하루도 못 갔다. 아빠는 내 눈치를 보다가 천천히 발걸음을 돌렸다. 시선은 낚싯대에 고정한 채. '아빠는 낚시가 재미있는 걸까? 잡히지도 않는 물고기를 왜 저리 기다리시는 거지?'

산책하며 먹은
젤라또 한 컵

"낚시가 얼마나 재밌는데? 아빠도 몇 번 안 해봤지만, 낚시의 매력이 있어. 저게 물고기가 찌를 물면 미세하게 움직인다고. 그때 딱 들어 올리면!"

낚시가 아빠의 눈을 반짝이게 했다.

'아름다운 도시에 멋진 건물도, 바닷물도, 곤돌라도, 햇살도, 사람들도 있는데, 그것들은 왜 아빠의 눈을 반짝이게 하지 않는 건가요? 왜 아빠는 저런 것에만 관심을 가지세요?' 아빠에게 이유를 묻고 싶었지만, 묻지 않았다.

'그래, 관심사는 사람마다 다른 거니까. 아빠의 취향이니까 받아들이자.' 그래도 아빠랑 2주 가까이 붙어있었다고, 조금씩 아빠를 있는 그대로 수용하게 되는 것 같다. 전에는 내 기준에 아빠를 맞추려 했다. 자꾸 그 기준에서 벗어난 행동이나 언행이 나오면, '왜?'라는 의문을 던졌다. 지금은 그냥 서서히 아빠에 대해 알아가며 적응해가고 있다.

베네치아의 수상 택시

'왜?'라는 질문보다는 '아빠는 그렇구나.'라는 생각을 더 많이 한다. 아빠를 내 기준에 너무 맞추려고도, 다 이해하려고 애쓰지도 않는다. 이렇게 천천히 아빠와 내가 점점 가까워지고 있는 거겠지?
우리는 모처럼 여유 있게 도시를 거닐었다. 배 하나를 전세 낸 갈매기와 사과를 먹는 갈매기를 보면서, 시원하게 젤라또 한 컵을 해치운 후 숙소로 들어왔다. 길었던 하루. 우리는 어느 날보다 깊이 잠들었다. 피란에서는 보지 못한 따스한 햇살과 반짝이는 물결이 가득한 베네치아를 꿈꿔보며….

아빠랑 인생 사진 찍기 참 힘드네

베네치아의 일정이 길지 않은 데다 부라노(Burano) 섬까지 가야 했기 때문에 아침부터 분주했다. 부라노 섬은 아이유가 '하루, 끝'이라는 뮤직비디오를 찍어 우리나라에서 유명해지기도 했고, 레이스와 알록달록한 집들 때문에 여행자들이 '인생 사진'을 찍으러 많이 가는 곳이기도 했다.
아빠와 다니는 거지만 이번 여행에서 잘 나온 사진 몇 장은 건질 수 있겠지 했다. 하지만 지금까지 제대로 된 사진 한 장 건지지 못했다. 사진 찍히는 것보다 찍는 걸 더 좋아해서일 수도 있지만, 사진을 찍으려고 하면 아빠가 내 시야에서 사라졌기 때문이기도

하다(아빠는 사진에 전혀 관심이 없었다). 그 덕에 내가 찍은 아빠 사진도 반 이상이 뒷모습이다.

간신히 아빠에게 부탁해서 찍은 몇 장 안 되는 내 사진은 내가 주인공인지, 풍경이 주인공인지 알 수 없는 사진이 대부분이었다. 아니면 잘리고, 삐뚤어지고, 흔들리고, 이상한 표정으로 가득한 사진들. 어쩜 마음에 드는 사진이 한 장도 없단 말인가?
처음엔 셔터를 제대로 누르지 않은 것도 문제였다. '찰칵' 소리가 나야 찍힌 건데, 아빠는 버튼을 살짝 누르고서는 찍혔다고 했다. '찍혔겠지.'라는 안일한 생각으로 확인하지 않았는데, 나중에 보니 찍힌 사진이 없었다. 그래서 사진을 찍을 때마다 아빠에게 잔소리했다.
"셔터를 눌러야죠." "사진 찍을 테니 거기 서보세요." "먼저 가지 좀 마세요." "이 각도에서 찍으셔야죠." "이거 누구 찍은 거예요?" "흔들렸잖아요." "여기 잘렸어요." "멈춰 서세요!" "사진 좀 찍자고요." "아빠!!! 사진 좀 잘 찍자고요!"

한번은 이런 일도 있었다. 아빠에게 사진을 부탁했는데 아빠가 찍은 사진들이 마음에 들지 않아 몇 번을 다시 찍었다. 그래도 마음에 드는 사진이 없었다. 아빠에게 사진 부탁하는 건 이제 그만 포기해야겠다고 생각하던 찰나 우리를 계속 지켜보던 외국인이 나에게 사진을 찍어주겠다고 했다. 우리 상황을 이해했는지 자꾸 힐끔거리며 웃던 그들. 한국말을 이해했을 리 없을 텐데, 어떻게 안 거지? 민망함을 무릅쓴 채 찍고 보니, 참 허무했다. 이렇게 한 장으로 순식간에 끝날걸. 아름다운 장소에 오래 서서 사진을 찍는다 한들, 사진의 질은 단숨에 크게 나아지지 않았다. 결국 포기.
"그냥 가요. 사진은 뭐…."

해변의 여인이 될 수 있는 부라노 섬. 기대가 컸다. 해변에서 쓰려던 챙 모자 한 번 못 쓰고 한국으로 돌아가면, 모자가 얼마나 마음이 아프겠는가? 여행 중에 단 한 번만이라도 아름다운 해변의 여인이 되고 싶었다. 해변이 아니어도 좋다. 물 근처에서 원피스와 챙 모자 차림으로 사진만 찍어도 좋겠다.
"아빠, 부라노 섬이 그렇게 예쁘대요. 사진 찍으러 가요!"
하지만 부라노 섬에 가기로 한 날 아침, 불안하게도 날씨가 흐렸다.
'설마…. 또 오겠어? 아닐 거야, 그래 아닐 거야.' 일단 인터넷으로 예매해둔 기차표를 산타루치아역에 가서 확인하고, 베네치아 투어를 위한 1일 교통 티켓을 샀다. 그러자 회색빛 하늘에서 비가 쏟아졌다.
'오늘 배 타고 섬에 갈 건데 비라니…. 비 오지 말라고 일부러 우산까지 두고 왔는데….' 소낙비일지 모른다는 생각에 건물 지붕 밑에서 우산을 가지러 다시 가야 할지 잠시 망설였다.
"딸, 또 비 오면 지난번처럼 비 맞고 다녀야 할 수도 있으니까 가져오는 게 좋겠어. 비가 더 많이 내릴 수도 있잖아."
그렇다, 블레드에서 겪은 일을 또 반복할 수는 없다.
"아빠 그러면 여기 계세요. 제가 가지고 올게요."
부랴부랴 숙소까지 뛰어가 우산과 아빠의 바람막이를 챙겨

왔다. 숨이 찼지만, 이제 비가 와도 괜찮다는 안도감에 돌아가는 길이 멀게 느껴지지 않았다. 하지만, 인생은 언제나 아이러니의 연속이다. 우산을 가지고 수상 버스를 타자마자 언제 비가 왔냐는 듯 구름이 걷히고 해가 떴다. '하…. 소나기였던 거야? 우산, 또 짐이 되는 건가?'

우리를 비로부터 보호해줄 든든한 방패막이에서 쓸모없는 거추장스러운 짐 하나로 변해버린 우산. 무거워봤자 얼마나 무겁다고, 마음이 이리 빨리 변한단 말인가. 사람 마음이 이렇게 간사해서 되겠는가? '아니야, 또 비가 올지도 몰라. 없는 것보단 있는 게 좋지! 암, 그렇고말고.'

물 위에 떠 있는 수상 도시 베네치아의 전경을 수상 버스로 구경했다. 산타루치아역에서 부라노 섬까지 가는 길은 생각보다 멀고 복잡했다. 이전에 분명 베네치아에 온 적이 있는데, 수상 버스를 타는 것이 이상하리만큼 낯설었다. 헤매다 탄 버스는 가야 할 방향이 아닌 반대로 갔고, 예상한 시간이 훨씬 지나 종착역인 리도(Lido)에 도착했다. 벌써 1시간 이상을 낭비했다. 앞으로도 1시간 이상 더 가야 하는데, 도착하면 1시가 넘는다. 아침부터 분주하게 움직인 보람이 없었다. 내일이면 밀라노로 가야 하기 때문에, 계획대로라면 오늘 부라노 섬에 갔다가 베네치아 시내를 다 봐야만 했다.

12번 수상 버스가 정차하자마자 창가 쪽 의자에 자리를 잡았다. 쨍한 햇살이 창가 너머로 내리쬐었다. 눈이 부시고 따가웠지만, 비가 아니라는 안도감에 잠시 행복했다. 바다는 파랗고, 파도는 수상 버스의 엔진소리와 함께 크게 물결쳤다. 배가 물결에 춤추자

부라노 섬 작은 운하를 따라 펼쳐진 알록달록한 집들

마치 요람처럼 느껴져 나와 아빠는 스르르 잠이 들었다.

1시간 가까이 지나 부라노 섬에 도착했다. 인터넷에서 사진으로 본 부라노 섬이 눈앞에 펼쳐졌다. 알록달록한 조그만 집들이 작은 운하를 따라 서 있었다. 여행객들은 너도나도 집 앞에 서서 사진을 찍고 있었다. 나처럼 인생 사진 한 장 찍겠다고 온 한국인이 많았다. 예쁜 옷을 입고, 예쁜 자세로 사진을 찍고 있었다.

"아빠, 우리도 사진 찍어요!"

사진을 찍기 위해서는 아빠를 멈춰 세워야 했다. 아빠 사진을 찍은 후, 빨리 달려가서 아빠에게 카메라를 넘겨준 후 어떻게 찍어야 하는지 설명했다. 그런 다음 아빠가 사진을 찍으면, 확인 후 재촬영을 하거나 그냥 가거나, 아니면 다시 설명하거나.

하지만 며칠이 지나고부터는 아빠가 찍은 사진을 확인하는 것도, 설명하는 것도 무의미하다는 사실을 깨달았다. 그후 나는 혼자 사진 찍는 일이 잦아졌다. 아빠도 이런 변화에 이상한 낌새를 느꼈는지, 사진을 찍을 때마다 내 눈치를 보셨다.

"딸, 여기 서봐. 여기서 찍으면 예쁘겠다." "이렇게 찍으면 될까? 찍었으니까 한번 확인해봐." "사진 마음에 안 들어? 다시 찍어줄까?"

아빠는 조금씩 변했다. 아빠가 찍어주는 사진은 점점 괜찮아졌다. 하지만, 인생 사진을 건지리라는 희망은 여전히 보이지 않았다.

"딸, 그냥 셀카봉으로 찍자. 그게 편하다. 여기서 찍자!"

결국 나는 화보는 포기하고 셀카봉과 일체가 되어 열심히 찍어댔다. 화보를 찍는 부러운 연인들을 뒤로하고, 우리는 바다가

브라노 특산품인 레이스로
만든 양산

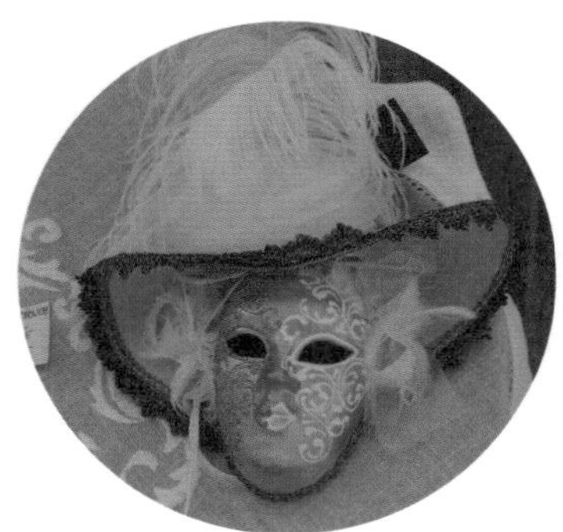

브라노 섬에서 만난
가면

길에서 낮잠을 즐기는
검은 고양이

귀여운 턱받이

보이는 풀밭에 신발을 벗고 앉아 과자를 까먹었다. '그래, 사진은 무슨. 그냥 쉬어가는 거지. 여행 뭐 있어. 이렇게 내 눈에 담아가면 되는 거지.'

"사진 잘 못 찍어줘서 아빠가 미안해. 일부러 그러는 건 아니야. 아무래도 노안 때문인 것 같아."

이번에도 예상치 못한 말씀으로 난 무언가에 얻어맞은 것 같았다. '아빠에게 그런 고충이 있을 줄이야. 노안 때문이었다니…. 이렇게 난 또 불효녀가 되는구나.'

"아니에요, 아빠. 그래도 전보다 많이 느셨어요."

내 말 한마디에 수줍은 미소를 짓는 아빠에게 여행이 끝나가는 지금에야 미안하고, 또 미안했다. 사진보다 중요한 것은, 아빠와 함께 여행하는 지금 이 순간이며, 내 인생 사진은 아빠와 함께하는 여행이 가져다준 찰나에 대한 우리의 추억 그 자체인데. 왜 나는 항상 늦게 깨닫고, 후회하는 걸까?

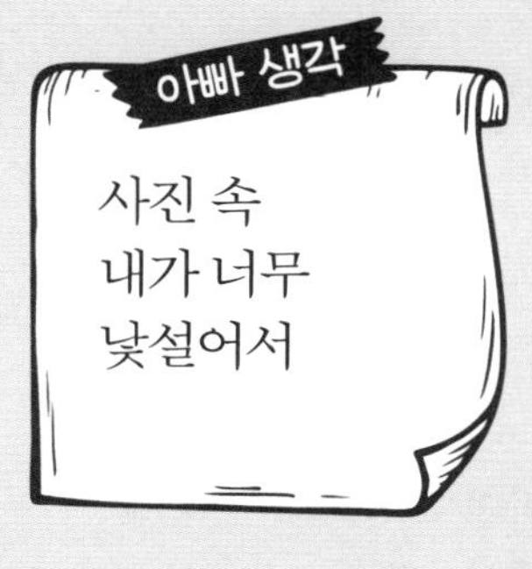

베네치아에서는 그동안 보아온 도시들과는 다른 풍경이 펼쳐졌다. 도로가 수로이고, 보트와 곤돌라가 다닌다. 하나하나 노를 저으며 나아가는 게 힘들겠다 싶은데, 흥얼흥얼 노래 부르며 웃는 뱃사공을 보니 생각만큼 힘들진 않은가 보다. 좁은 수로에서 보트와 곤돌라가 사고 없이 다니는 것도 신기하다. 아름이는 내가 찍은 사진이 마음에 안 드는 모양이다. 찍히기만 하면 되지 않나 했는데 아닌가 보다. 잘 찍어주고 싶어도 카메라 화면이 작아 잘 보이지 않는다. 자꾸 흐릿하게 보여 초점 맞추기가 힘들다. 난 분명히 반듯하게 찍었는데, 아름이는 사진이 기울었단다. 노안 때문인가 보다. 그나마 셀카봉으로 찍으면 핸드폰 화면도 크고 바로 확인하니까 편한데, 그냥 셀카봉으로 찍으면 안 될까?

아름이가 내 사진을 열심히 찍어주는데, 그때마다 나는 자세를 취하지 않고 달아났다. 그래서 찍힌 사진이 죄다 뒷모습이었다. 딸은 나에게 왜 사진 찍는 것도, 찍히는 것도 싫어하냐며 투덜댔다. 눈으로 열심히 담으면 됐지, 그걸 굳이 남겨야 하나? 그리고 뭐 얼마나 멋진 얼굴이라고 찍어? 하고 대답했지만, 솔직한 마음은 그랬다. 카메라의 화면이 잘 보이지 않았고, 사진을 찍으면 내가 다른 사람처럼 보이는 게 싫었다. 언젠가부터 침침해진 눈, 늘어난 주름. 내가 이랬었나? 아직도 청춘 같은데, 언제 이렇게 변해버렸지? 사진을 통해 있는 그대로의 현실을 직시하고 싶지 않았다. 예전 같지 않은 모습이 낯설다. 언제 이렇게 늙어버린 걸까?

지도 없이 거니는 여행의 묘미

부라노 섬에서 사진 찍기를 내려놓자, 구경하는 데 시간이 오래 걸리지 않았다. 우리는 다시 수상 버스를 타고 베네치아 본섬으로 넘어오며 목도 못 가눌 정도로 졸았다. 유럽까지 자러 온 게 아닌데, 피로가 누적됐는지 이동시간 대부분이 잠으로 채워지고 있다. 늘 깨어 있던 아빠까지 조는 걸 보니, 여행이 슬슬 힘에 부치는 순간이 온 모양이다.

산마르코역에 내리자 수많은 인파가 우리를 맞이했다. 쓸려가듯 거리를 걷는 인파에 숨이 턱 막혔다. 지도도 볼 여유 없이 사람들에 밀려 어딘가로 이동했다.

"여긴 어딘데 사람들이 이렇게 많아? 베네치아 관광객은 여기 다 있나보다."

"아빠, 꼭 붙어 있어야 해요. 여기서 잃어버리면 답 없어요."

여기는 산마르코 광장. 광장에는 비둘기와 사람들로 가득해서 정신이 하나도 없었다.

"딸, 우리 밥부터 먹자."

간식거리만 먹은 데다 배에서 자다 일어났으니 배가 고플 때가 됐다. 지도를 보고 골목을 서성이며 음식점을 물색했다. 그러나 베네치아의 골목은 복잡하게 얽혀있어서 지도를 봐도 길이 자꾸만 헷갈렸다.

산마르코 광장 가는 길

"아, 모르겠어요. 그냥 아무 곳이나 들어가서 먹어요!"
어차피 음식 종류도, 가격도 다 비슷하다면 가까운 곳에 들어가는 것이 장땡이다.
"여기 들어가요! 오늘 메뉴는 파스타예요! 괜찮으세요?"
아빠도 지친 표정이었다. 더 당이 떨어지면, 오늘 여행은 이걸로 끝내야 한다. 아직 베네치아 본섬은 제대로 보지도 못했는데, 이대로 끝낼 순 없었다. 나는 식당 문을 힘차게 열고 들어가 종업원에게 인사를 했다.

"헬로우!"
종업원은 미소 가득한 얼굴로 배고프고 피곤에 지친 우리를 반갑게 맞아주었다. 식당 내부는 밖에서 볼 때보다 아기자기했다. 자리에 앉자 사진이 있는 메뉴판을 가져온 종업원이 친절하게 설명해주었다. 음료를 시키고 메인 음식은 추천받은 먹물 파스타와 해물 파스타를 주문했다. 비주얼은 좀 그랬지만, 맛은 우리가 먹은 음식 중 탑3 안에 들었다.
"딸, 파스타 맛있다! 여기 괜찮네. 유럽여행하면서 처음으로 얼음을 보는 것 같아."
아빠는 시원한 에어컨 바람과 주문하지도 않았는데 나온 얼음에 기분이 좋아지신 듯했다. 거기다 음식도 풍족하고 맛있고! 아빠가 만족스러워하니 덩달아 기분이 좋았다.
우리는 얼음까지 다 씹어 먹고 나서야 식당을 나왔다. 잠깐 쉬었지만 몸은 여전히 무거웠고 지도를 봐도 뭐가 뭔지 알 수가 없었다. 이탈리아 여행은 베네치아와 밀라노만 방문하기로 해서 따로 여행 책자를 챙겨오지 않았기 때문에, 있는 거라곤 호텔에서 받아온 지도 한 장과 관광할 곳들의 주소뿐이었다. 걸음은 느리고, 길을 자꾸 잘못 들다 보니 시간만 흘러갔다. 초조해졌다. 즐기자고 온 건데 왜 불편한 여행을 해야 하지?
"우리 그냥 지도 없이 걸을까요?"
아빠도 나와 같은 생각이었다. 부전여전. 이럴 땐 마음이 잘 통했다. 지도를 가방에 집어넣고, 빈손으로 골목을 거닐었다.
"가다 보면 뭐라도 나오겠지."
"맞아요, 어차피 베네치아예요. 우리가 걷는 길도 베네치아고.

여행 뭐 있나요? 꼭 유명한 곳만 간다고 여행한 것은 아니잖아요?"

"그렇지. 그냥 천천히 걸어보자. 사람들 가는 곳으로 가다보면 유명한 곳이 나올 거야."

지도를 내려놓자 손도 가벼워지고, 마음도 한결 편해졌다. 헤매던 골목은 시간을 버리는 곳이 아니라, 구경하느라 시간이 모자란 곳이 되었다. 골목마다 있는 상점들이 다르게 보이고, 진열된 물품들은 독특해 보였다. 보이지 않던 사소한 것들, 작은 것들이 크고 웅장하고 유명한 유적지들보다 더 빛나 보였다.

길거리 상점의 진열품들

"이것 좀 보세요. 예쁘죠?" "이건 어때요? 사고 싶은데 비싸네요." "여기 들어가 봐요!" "하. 돈만 많으면, 저거 다 사고 싶다." "여긴 정말 돈 많이 벌어서 다시 와야겠어요." "우와, 우와, 우와. 아빠!"

이어지는 내 탄성에 아빠는 한마디 하셨다.

"그렇게 사고 싶은 것이 많아?"

'사지는 못해도, 말은 할 수 있는 건데, 아빠에게 사달라고 한 것도 아닌데, 그냥 쇼윈도 안에 진열된 물품들만 보면서 가는 것뿐인데. 엄마나 여동생, 친구들이랑 왔다면 호응해줬을 텐데….' 아빠에게 하고 싶은 말이 많았지만, 꾹 참았다. 상점과 진열품들을 지나쳐

예상치 못한 데서 우연히 만난 전시

앞만 보고 가는 아빠. 살짝 섭섭했지만, 이내 마음을 진정시키고 마음속으로만 탄성을 자아냈다.

"같이 가요. 아빠, 나중에 돈 많이 벌어서 베네치아에 다시 올 거예요~"

많은 것을 눈에 담기 위해 발걸음은 느려졌지만, 흘러가는 시간이 결코 아깝지 않았다. 아빠 말대로 사람들이 많이 가는 곳으로 따라가다 보니 우리가 찾던 곳이 나오기도 했고, 예상치도 못한 훌륭한 전시를 만나기도 했다. 아빠와 여유 있게 셀카도 찍고, 대화도 하면서 골목을 누볐다. 전에 본 적 없는 아빠의 전투적인 모습도 볼 수 있었다. 지도가 없으니까, 아빠는 이때다 싶으셨는지 아빠의 촉으로 길을 찾기 위해 선두에 나섰다. '여행하는 동안 내가 아빠를 너무 과소평가했구나.'

우리는 골목을 걷다가 수상 버스 타기를 반복하며 베네치아를 돌아다녔다. 해가 저문 후 다시 찾은 산마르코 광장에는 라이브 음악이 울려 퍼지고 있었다.

"이게 바로 유럽의 밤이죠! 멋진 광장에서 멋진 음악을 듣는데 어찌 좋지 않겠어요?! 안 그래요?"

"좋네, 이런 낭만…. 유럽인들은 참 낭만 있어."

우리는 잠시 광장 구석에 앉아 달달한 음악에 젖어 있다가 숙소로 향했다. 밤에 바라보는 베네치아는 낮과는 또 다른 분위기였다. 조명의 불빛이 물 위에 아른거리는 모습이 도시의 오랜 역사를 잠재우는 듯했다. 수상 버스 안으로 불어오는 차가운 밤바람이 오래전 베네치아의 기억을 일깨웠다. '이 아름다운 모습을 온 가족이 함께 봤더라면 좋았을 텐데.'

숙소로 돌아가는 길의 야경

"딸, 한국에 있는 가족들도 같이 보면 좋았을 텐데. 아쉽다. 나중에 엄마도 모시고 와."

몇 분쯤 달리자 숙소가 있는 산타루치아역이 눈에 들어왔다.

"이제 거의 다 왔어요."

"어디? 여기 아닌 것 같은데, 다른 역 아니야?"

"저기 맞아요! 우리 나올 때 저기 봤잖아요."

"그런가? 본 것 같기도 하고. 유럽은 다 비슷비슷해 보여. 자꾸 헷갈리네."

나도 처음 유럽에 왔을 땐 자꾸 헷갈렸다. 지도를 보면서 가도 골목을 잘못 들어서고, 돌고 돌다 보면 제자리인 경우가 허다했다.
"분명히 아까 봤는데, 이게 왜 여기 또 있지?"
유럽의 골목을 거닐다 보면 유령에 홀린 것처럼 자꾸 길을 헤맸다. 어느 정도 적응이 되고 아는 것이 늘어나고, 보이는 것이 많아지면서 전보다는 나아졌지만, 베네치아에서 길 찾기는 나에게 고난도 레벨이었다. 오늘 우리가 지도를 보고 찾은 곳이라곤 아빠도 맛있다고 인정한 젤라또 맛집 하나뿐이다! 찾다가 찾다가 정말 우연히 찾은. 다시 베네치아에 올 땐 어렵지 않게 찾아갈 수 있을까?
지도 없이 거닌 베네치아, 아빠와 나만 아는 지도를 만들어볼 수 있었다. 지도를 보며 목적지를 찾느라 힘겨운 여행이 아니라 발길 가는 대로 다녔기에 더 기억에 남을 것 같다. 예상치 못한 곳에서 마주한 '우연한 발견'이 가져다준 작은 기쁨과 감동은 생각보다 컸다. 남들이 그려준 이정표와 지도를 보며, 크고 화려한 것만 쫓기 바쁜 삶에서는 알 수 없었던 것. 여행하면 할수록, 배우는 것도 깨닫는 것도 점점 많아진다. 성장하고 있는 거겠지?

소년, 남자,
아버지를 만나다

7

감기에 걸리고 말았다

아침에 눈을 떴는데 불길한 예감이 엄습했다. 목이 따끔거리고, 콧물이 흐르고 재채기와 기침을 번갈아 가며 했다. 설마…. 감기인가요? 비를 맞은 피란에서부터 감기의 조짐이 조금씩 보였지만, 다행히 큰 증상은 없었다. 그런데 어젯밤 갑자기 추워진 날씨에 바람까지 맞아서인지 감기가 제대로 침투했나 보다. 아직 여행이 끝나려면 일주일 가까이 남았는데.

"딸, 감기 걸렸어?"

"네, 그런 것 같아요."

"어쩐다니. 아빠 데리고 다니느라 힘들었나 보다. 옷 따뜻하게 입고, 감기약부터 먹자."

아빠는 여행용 가방에서 감기약을 주섬주섬 꺼내주셨다. 아침 기차를 타고 밀라노까지 가야 해서 오늘 아침도 분주했다. 요 며칠 이동이 거듭되면서 긴장의 연속이었다. 국경을 넘고, 도시를 이동하는 일은 짐과 시간과의 사투, '만약의 경우'와의 사투였다. 숙소에 도착하기 전까지 긴장을 늦출 수 없었다. 더군다나 아빠를 잘 모시고 다녀야 한다는 책임감이 나를 강하게 압박했다. 그 와중에 불쑥 찾아온 불청객 감기는 그나마 버티던 정신력까지 무너트릴 기세였다. 어제까지만 해도 내가 강하다고 생각했는데, 한순간에 아빠의 보호가 필요한 어린아이 환자가 되어버렸다.

감기는 자꾸만 정신을 혼미하게 만들었다. 짐들이 하나같이 무거운 바윗덩이 같았다. 그렇다고 아빠가 그 많은 짐을 짊어질 수도 없었다. 내 짐은 내가 책임져야만 한다. 짐을 간신히 끌고 가니 리알토 다리가 나왔다. '이 다리가 이렇게 높았나?'
하루아침에 다리가 하늘 높이 자라난 것 같았다. 첫날에는 이 정도로 힘들지 않았는데, 오늘은 짐들을 다 내던지고 몸만 역으로 끌고 가고 싶었다. 기차 시간만 아니었다면, 쉬엄쉬엄 가도 될 텐데 그럴 여유가 없었다. 너무 이른 아침이라 다리 주변에 도움을 요청할 사람이 눈에 띄지 않았다. '그렇게 많던 사람들은 다 어디로 갔단 말인가?'
그때였다. 뒤에서 누군가가 내 짐을 낚아채더니 아빠의 짐까지 양손에 들고 다리를 올랐다. 덩치가 좋은 흑인이었다. 아빠와 내가 끙끙대며 옮기던 짐을 손쉽게 들고 갔다. 놀라웠다. 놀라움도 잠시, 우리 짐을 훔쳐 갈지도 모른다는 생각이 들었다.
"저기요, 저희 짐 주세요. 저희가 할 거예요."
그는 양손에 두 개의 캐리어를 들고 계속 계단을 이동했다. 그는 내 말에 자꾸 "헬프(Help)"라는 말만 반복하며 짐을 내려놓지 않았다. 짐이 두 개라 쉽게 도망치진 못하겠지만, 혹시 발생할지도 모르는 일에 대비해 그의 옆에 바싹 붙어 쫓아갔다. 그는 리알토 다리를 무사히 내려오고 나서야 우리의 짐을 돌려주었다.
캐리어를 되찾고서야 한숨을 돌리며 고맙다는 인사를 계속했는데 그가 우리에게 돈을 요구했다. '이 사람, 역시 호의가 아니었어. 계획적인 접근이었어.'
"기브 미 머니!"

우리가 못 알아듣는 것 같아 보이자 그는 손으로 돈을 그리며 보디랭귀지를 했다. 나는 끝까지 못 알아듣는 척 고맙다는 말만 계속했다.

"스멀 머니(Small money). 뎃츠 오케이(That's OK). 스멀 머니."

돈이 없는 아빠가 "노 머니"라고 답했다. 그의 표정이 점점 굳어졌다. 나는 아빠에게 얼른 가자고 말했다. 우리에게 어떤 해코지를 할지 모를 일이었다. 아니나 다를까 우리가 짐을 끌고 그냥 가자 우리를 계속 쫓아왔다. 아빠는 동전이라도 몇 개 주고 보내자고 했지만, 그럴 시간이 없었다. 아빠는 짐을 들어준 사람에게 고맙고 또 미안한지 그 사람을 자꾸 쳐다보았다.

"아빠, 쳐다보지 마세요. 그냥 앞만 보고 가요."

역 근처에 다다르자 더는 쫓아오지 않았다. 멀리서 우리를 향해 뭐라고 소리칠 뿐이었다. 아마도 이탈리아어로 우리에게 욕을 했으리라. 역 근처에는 사람들이 제법 몰려 있어서 무슨 일이 생기면 도움을 요청할 수 있었다. '아…. 이제 살 것 같다.'

"저 사람 이제 간 것 같아. 그냥 동전 몇 개 주지. 그래도 우리 짐 들어줘서 편하게 다리 건넜는데."

"아빠, 우린 짐 들어달라고 한 적 없어요. 만약에 짐이 하나였으면, 그냥 짐 가지고 가버렸을 수도 있어요. 여행하다 보면 좋은 사람도 만나지만, 아닌 경우도 많아요. 절대 경계를 늦추면 안 돼요."

밀라노 기차역 승강장

아빠한테는 아무렇지 않은 듯이 당당하게 말했지만, 실은 나도 무서웠다. 돈을 주지 않는다고 우리에게 해코지를 하기라도 했다면? 만약 나 혼자였다면? 아빠가 내 옆에 있고 없고의 차이는 분명 컸다. 아빠가 있어서 마음이 든든했고, 용감하게 대처할 수 있었다. 역에 들어서자 잠시 잊고 있던 감기 증상이 나타났다.

"훌쩍훌쩍, 에취."

다리에 힘이 풀려서 짐 가방에 털썩 주저앉았다.

"딸, 괜찮아?"

"네, 감기 때문에 그래요."

호랑이굴에 들어가도 정신만 차리면 된다고 했던가. 아무리 감기라는 적군이 나를 공격한다 해도, 나는 정신을 바짝 차려야만 한다. 나에게 주어진 많은 책임이 오늘따라 유난히 버거웠다. '쓰러지더라도, 한국에서 쓰러지자'는 생각으로 다시 마음을 가다듬고 기운을 냈다. 가장의 무게는 이보다 더 무겁고 힘겨울 것이다. 한국에서는 아빠가 가장이었을지라도, 여기서는 내가 가장과 다름없다.

"아빠, 얼른 기차 타러 가요!"

베네치아, 나중에 혹시 다시 방문하게 된다면, 그땐 온전히 좋은 기억만 있기를 바라며, 밀라노행 기차에 올라탔다.

깨져버린 숙소의 장식품

감기는 갈수록 심해졌다. 아빠는 밀라노로 가는 내내 나를 걱정스럽게 쳐다보았다.

"괜찮아요. 감기쯤이야. 콜록콜록."

밀라노역은 우리가 방문한 역 중에 제일 크고 복잡했다. 우리는 표지판이 가리키는 방향을 제대로 읽지 못해 역 안에서 한참을 헤맸다. 겨우 찾아간 숙소 앞에 주인집 아주머니가 나와 우리를 기다리고 있었다. 도착하기로 한 시간이 꽤 지나서도 오지 않아 걱정했다며 2층 숙소로 안내했다. 에어비앤비에서 예약한 숙소는 지하철역 도보 3분 거리에 있는 작은 아파트였다. 주인집 아주머니는 커다란 열쇠로 문을 여는 법부터 집안 곳곳에 있는 물품의 사용법, 밀라노 여행법, 근처에 있는 한인식료품점까지 꼼꼼히 안내해주셨다. 필요하면 꼭 연락을 달라면서 웃으며 나가셨다. 후기에서 읽은 대로 무척 친절했다. 문이 닫히고 나서야 나는 소파에 앉을 수 있었다. 감기 때문인지 곧바로 나갈 기운이 충전되진 않았다. 아빠가 집안 곳곳을 둘러보셨다.

"여기 숙소 괜찮네. 디자인, 패션의 도시 밀라노답게 인테리어가 세련된 것 같지 않아?"

"제가 여기 찾느라 얼마나 고생했는데요."

아빠가 숙소를 마음에 들어 하셔서 뿌듯했다. 숙소는 가본 곳이 아닌 이상 복불복이다. 사진으로는 괜찮았는데 아닌 경우도 많고, 사진으로는 별로였지만 생각보다 괜찮은 곳도 있어서 들어가 보기 전까지는 알 수 없다. 비교적 저렴하면서도 좋은 숙소를 찾기 위해 내가 얼마나 피나게 검색을 했던가?

"아빠가 좋다니 저도 좋네요."

아빠는 짐을 풀고는 마지막까지 아껴둔 라면을 기꺼이 내주셨다. 아픈 딸을 위해서.

"감기 걸렸을 땐 매콤한 국물이 최고야. 오늘 점심은 라면으로 하자."

안 그래도 칼칼한 국물이 땡겼는데, 라면 냄새는 콧물로 마비된 후각을 자극했다. '나도 어쩔 수 없는 한국인인가 보다. 아프니까 한국 음식이 먹고 싶네.' 우리는 최후의 라면을 국물까지 깨끗하게 비웠다. 먹고 나자 기운이 조금 났다.

"이것만 치우고 나가요."

아빠는 아픈데 어딜 나가냐고 묻고 싶은 눈치였지만, 그냥 말없이 화장실로 들어가셨다. 나도 넓은 침대에 누워서 푹 자고 싶었지만 밀라노 시내 구경은 오늘 오후와 마지막 날 오전밖에 시간이 없다. 최소한의 볼거리는 봐야 하니 좀 더 힘을 내기로 했다. 그런데 "쨍그랑." 하고 화장실에서 무언가 깨지는 소리가 들렸다.

"무슨 일이에요?"

나는 다급한 마음에 화장실로 뛰어 들어갔다. 아빠는 놀란 눈으로 바닥에 떨어진 것과 내 얼굴을 번갈아 가며 쳐다봤다.

"괜찮으세요?"

화장실에 있던 장식품이었다.

"그게…. 이렇게 했는데 떨어져버렸어. 어쩌지?"

"일단 이리로 나오세요."

"저거 비싼 걸까? 물어줘야겠지?"

"안 다치셨으면 됐어요. 주인한테 말하고 물어달라면 물어줘야죠. 괜찮을 거예요. 신경 쓰지 마세요."

"그래도, 딸. 미안해. 아빠가 또 사고 쳤네…. 다음엔 이런 실수 안 할게. 나이가 드니까 자꾸 안 하던 실수를 하는 것 같아."

"아니에요, 제가 치울 테니까 나갈 준비 하세요."

조심하지 않은 아빠의 잘못도 있다. 그러나 좁은 화장실에 유리 장식품을 놓은 주인도 잘못이 있다. 아니다, 그냥 쉽게 깨진 장식품을 원망하기로 했다. '그래, 안 다친 게 어딘가?' 깨진 조각들을 비닐봉지에 잘 싸서 한쪽에 두었다.

"정말 괜찮겠지?"

모르겠다. 주인이 크게 노하지 않기를 바랄 뿐, 지금 여기서 내가 할 수 있는 일은 없다. 우리가 다치지 않도록 유리조각을 깨끗이 치우는 일밖에는.

한바탕 일을 치렀더니 라면으로 충전했던 에너지가 다시 고갈되었다. 그래도 가야만 한다, 최후의 만찬이 있는 산타마리아 델라 그라치에 성당으로. 예약을 하지 않아서 못 볼 것 같았지만, 1%의 가능성을 갖고 출발했다. 역시나 안내 데스크에서는 예약 전화를 한 후에 관람할 수 있다는 말만 반복했다. 내일은 엑스포에 가고, 그 다음 날은 프라하로 가는 일정이라서 오늘이 아니면 못 보는 것이나 다름없었다.

"최후의 만찬은 못 볼 것 같아요. 그냥 가야겠어요."

밀라노 두오모 성당의 화려하고 웅장한 외관

섬세하고 아름다운
성당 내부의 모습

바닥 타일마저 아름답다

다른 때 같으면 아쉬움에 쉬이 돌아서지 못했을 텐데, 오늘은 감기로 별 감정이 없었다. 처음으로 감기에 걸린 게 다행이란 생각이 들었다.

"우리 그냥 두오모에 가요."

내 쿨한 한마디에 아빠는 조금 놀란 듯했다.

"그냥 가도 되겠어?"

"어쩌겠어요. 볼 수 없다는데."

트램을 타고 두오모에 갔다. 광장에 높이 솟은 대성당이 우리를 맞아주었다. 이탈리아에서 두 번째로 크다는 밀라노 두오모 대성당은 위용만큼이나 기세가 하늘을 찔렀다. 성당을 마주한 순간만큼은 얼음처럼 꼼짝도 못 하고 바라볼 수밖에 없었다.

"여긴 정말 엄청나다. 놀라운데? 프라하에서 본 성당보다 더 크네. 와…."

유럽여행을 하면서 그동안 많은 성당을 봤지만, 화려하고 웅장한 모습에 놀라 벌어진 입이 쉬이 다물어지지 않았다. '정말 인간이 만든 것이란 말인가? 어떻게 만들었지? 얼마나 많은 사람이 희생됐을까?'

놀란 마음은 성당 내부에 들어가서도, 지붕에 올라서도 쉽게 가라앉지 않았다.

엘리베이터를 타고 올라온 두오모 성당 지붕에는 수많은 석상이 솟아 있었다. 아래에서 볼 때는 잘 몰랐는데, 석상들이 한곳을 향해 서 있었다. 그들이 바라보고 있는 곳은 어디일까?

여행이 길어질수록, 한국으로 돌아갈 날이 가까워질수록 아빠와의 여행은 점점 익숙해졌다. 서로 다른 곳을 바라보았던 우리의 여행.

두오모의 석상들

석상들처럼 우리도 같은 곳을 바라보기 시작한 걸까? 저물어 가는 태양 아래 나는 석상과 아빠를 번갈아 바라보았다. 여전히 앉아 있는 아빠. 예전 같으면 오랫동안 앉아 있는 아빠에게 한마디 했을 법도 한데, 이제는 나도 여유를 부린다. 아빠가 일어나고 싶을 때 움직이면 된다. 나는 이 순간을 즐겼다. 넋 놓고 가만히 서 있기도 하고, 사진을 찍기도 하고, 그동안 여행하며 쌓은 추억들을 떠올려보기도 했다. 이러려고 여행을 다니는 건데, 아빠를 잘 모시고 다녀야 한다는 책임감에 여행의 본질을 잊고 있었다. 함께 행복하고 즐거운 추억을 만들기 위해 떠나온 거였는데, 내 욕심이 과했다. 나는 아빠를 배려한다고 했지만 그건 상대방을 생각하지 않은 배려였다. 상대방이 원하는 것을 해주는 게 진짜 배려인데 너무 내 위주로 판단했다.

'아. 이 바보….' 석양을 바라보며, 나는 반성했다. 대체 몇 번째란 말인가? '아무래도 기억력이 금붕어인가 봐. 왜 자꾸 까먹는 걸까? 그래, 이제부턴 정말로 친절한 아름씨가 되어보자!'

지금의 마음이 얼마나 또 유지될지 알 수는 없다. 분명한 건 아빠와 여행하는 게 더 익숙해졌고, 서로를 더 배려하게 되었다. 이것만으로도 우리의 여행은 의미가 있다. 좁혀지지 않을 것만 같던 아빠와 나의 간격이 해가 뜨고, 노을이 지는 시간들 속에서 좁혀지고 있었으니까.

걷고, 기다리고,
걷고, 기다리고

"Expo Milano 2015"
밀라노에 온 이유 중 하나는 2015 밀라노 엑스포에 방문하기 위해서였다. 이탈리아에 여행 온 이상 5년마다 열리는 국제 엑스포를 놓칠 순 없었다. 이번 엑스포의 주제는 '지구 식량 공급, 생명의 에너지(Feeding the Planet, Energy for Life)'로 '음식'을 테마로 하고 있었다. 다른 주제도 아니고, 음식이지 않은가? 전 세계 음식을 한번에 접할 수 있다는 것만으로도 충분히 매력적이었다. 전 세계 145개국의 전문가, 연구원, 사업가, 예술가, 요리사 등이 대대적으로 참가해 각 나라의 다양한 음식문화와 미래를 향한 식량 공급 아이디어를 소개하는 장이라고 하니까. 때마침 아빠와 유럽여행 계획이 잡혔고 아빠도 엑스포에 가보고 싶다고 하셨다.
가기 전부터 기사와 관람객들의 후기에서 정보를 얻은 터라 갈 곳을 미리 정하고 동선을 짰다. 밀릴 것을 예상해 아침 일찍 갔지만, 이미 사람들로 가득했다.
"설마 이게 다 엑스포에 가려는 사람들?!"

엑스포 티켓

몇 시간을 기다려도 입장 대기줄은 쉽게 줄어들지 않았다
일본관의 전시

표를 사서 입구까지 가는 데도 한참 걸렸다. 행사장은 예상한 것보다 훨씬 광대했고 사람들은 늘어나면 늘어났지 절대 줄지 않았다. 가장 먼저 찾은 일본관에는 벌써 많은 사람이 대기하고 있었다. 앞으로 3시간은 기다려야 한다는 안내에 기겁했다. '이 무더위에 몇 시간을 기다려야 한다고? 이럴 수가. 다들 언제부터 와 있었던 거야?'

사람이 이 정도로 많을 줄이야. 날씨라도 선선하면 버틸 만한데, 야속하게도 8월의 밀라노는 따갑다 못해 타올랐다. 길 한복판에서 몇 시간씩 서서 기다리기는 결코 쉽지 않았다. 아무리 부채질을 하고, 젤라또를 먹어도 더위는 가시지 않았다. 이건 인내심 테스트다, 전시 관람이 아니라.

그래도 일본관은 초반에 방문해서 체력이 비축된 상태였기 때문에 버틸 만했다. 다음으로 간 이탈리아관에선 정말 힘들었다. '설마 일본관만큼 기다리겠어?' 하는 생각은 어김없이 빗나갔다. 한낮에 4시간이 훌쩍 넘게 기다려야 했다.

"우리 들어갈 수 있을까? 줄이 줄지가 않는데."

머리 위로 가림막이 있어도 타오르는 열기를 막기엔 역부족이었다. 햇볕이 아예 들지 않는 곳으로 들어갈 수만 있다면…. 건물 안에 들어가 있는 사람들이 그렇게 부러울 수가 없었다.

"아빠는 저기 그늘에 가 있을게. 더는 못 서 있겠어."

아빠는 줄을 이탈해 그늘에 주저앉았다. 나도 점점 한계를 느끼는데, 아빠는 오죽하실까? 나도 그러고 싶었지만, 지금까지 기다린 것이 아까웠다. 꼭 '내가 이기나, 네가 이기나?' 싸움을 하는

이탈리아관의 멋진 외관
드디어 입장한 이탈리아관의 전시

것 마냥 점점 오기가 생겼다. 길 한가운데서 기다리는 동안 보이는 거라곤 어디가 끝인지 알 수 없는 사람 줄만 있으니, 기다리면 들어갈 수는 있는지 답답해졌다. 관람 시간보다 대기 시간이 더 길지도 모르겠단 생각도 들었다. '하, 대체 저 안에 뭐가 있길래 이리도 사람이 많단 말인가? 이탈리아관! 너 안에 뭘 숨기고 있는 거니?! 어서 밝히란 말이다!'

길고 긴 줄, 하염없이 흐르는 시간, 이글거리는 뜨거운 태양과 조금도 가시지 않는 더위. 오늘 하루 잘 버텨낼 수 있을까? 오르는 온도만큼이나 가까워진 나의 한계점.

여행길에서 한두 번은 이런 한계에 부딪히곤 한다. 그럴 때 수많은 선택지를 떠올리며 갈팡질팡한다. 무엇을 고르든 책임은 나의 몫이다. 결과는 달라지겠지만, 선택은 내가 했기에 누굴 원망하는 것도, 후회하는 것도 전부 부질없는 짓이다. 내가 선택한 결과를 받아들여야 한다.

여기서 짜증을 내고, 화를 낸다고 해서 받아줄 사람은 아무도 없다. 아빠라고 해도. '그래, 여기까지 왔으니…. 좀만 더 버텨보자. 분명 저 안엔 기다린 보람이 나를 반겨줄 거야. 내 인내심의 한계를 뛰어넘어야 해! 아름, 넌 할 수 있어!' 아빠는 이런 내 속을 전혀 모르고, 큰소리로 외쳤다.

"딸, 오늘 정말 너무 덥다, 더워!!"

타국에서 맛본
비빔밥의 향연

아침부터 뙤약볕에서 몇 시간씩 서서 기다리다 보고 기다리다 보고를 반복하다 보니 어느덧 해 질 무렵이 되었다. 몇 관 보지도 못했는데, 벌써 저녁이라니 믿고 싶지 않았다. 이대로 발걸음을 멈출 순 없었다.

"아빠는 한국관 꼭 보고 싶어."

다른 관은 몰라도 한국관은 꼭 들러야 했다. 아빠는 엑스포에 오면서부터 한국관이 어디에 있냐며 찾았다. 타국에 나오자 아빠의 애국심은 더 커진 모양이다. 길을 걷다가도 한국과 관련된 것을 발견하면 아이처럼 반가워하며 다가갔다. 여기 밀라노에, 그것도 커다란 엑스포에 있는 한국관은 아빠에게 반드시 들러야 하는 성지가 된 것이다.

"해가 지고 있어. 한국관 문 닫기 전에 얼른 가자."

느린 걸음으로 종종 나를 속 터지게 하던 아빠의 걸음이 빨라졌다. 이탈리아관에서 한국관까지 결코 짧은 거리가 아닌데 쉬지도 않고 걸어가셨다. 오히려 지친 사람은 나였다.

"천천히 가요. 문 안 닫았을 거예요."

아빠는 지도도 보지 않고, 처음에 본 위치의 기억만 갖고 감으로 찾으셨다. 한국 국기가 보이자 서두르라고 손짓까지. '애국심이 아빠에게 저런 힘을 주었을까? 그동안 나랑 같이 다니던 아빠

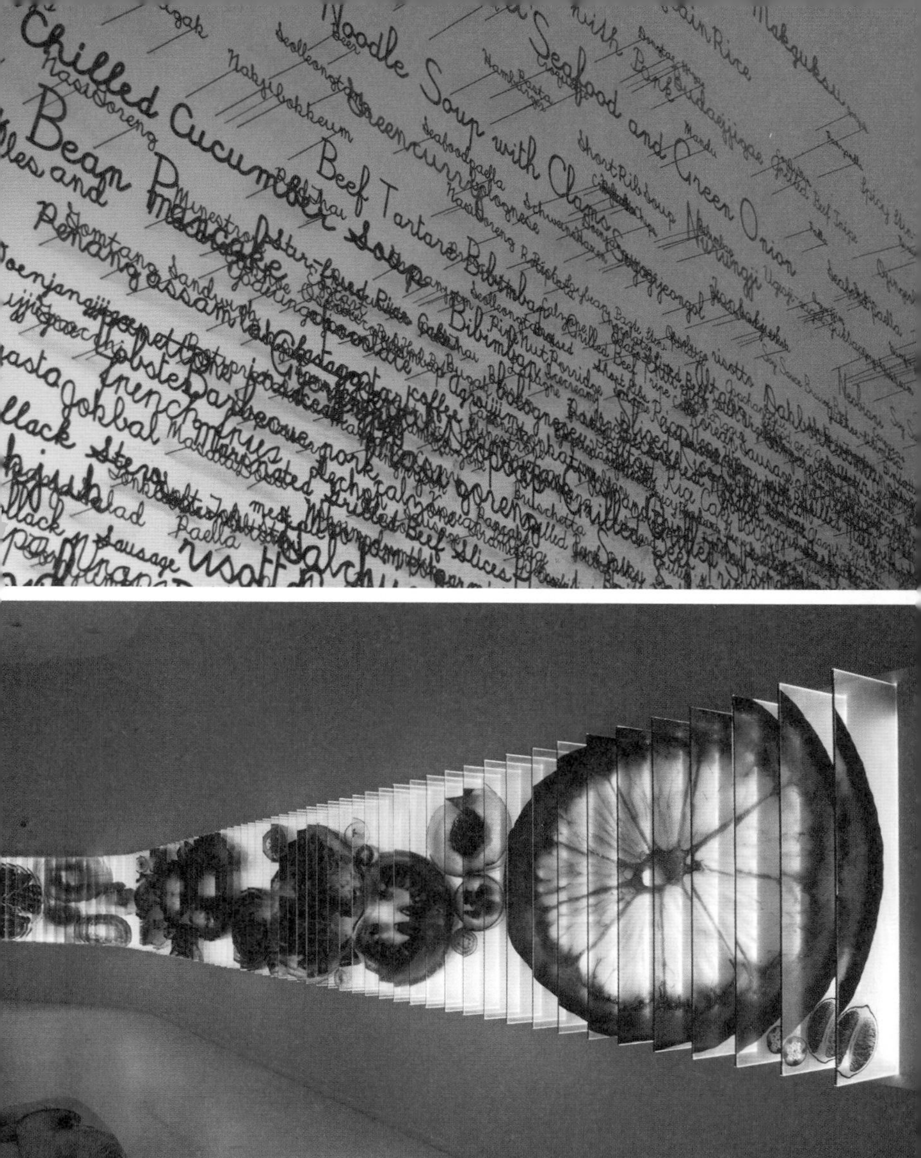

아빠의 지대한 관심을 불러일으킨 한국관 전시

맞아?' 뒤처져 있던 나는 있는 힘을 다해 뛰어갔다. 국기 너머에는 한식의 지혜를 담은 '달항아리' 형상을 따서 디자인한 한국관이 서 있었다. 타국에서 한국관을 마주한 아빠는 크게 감동하셨다.
온종일 조용하던 아빠는 한국관에 오자 말씀이 많아지셨다.
곳곳에 쓰인 한글, 우리나라 브랜드명, 한국말로 친절히 설명해주는 안내원, 한식을 보여주는 전시품 모두 아빠의 눈에는 우리나라가 발전했다는 상징적인 증거물로 보이는 듯했다.
무엇보다 외국인들이 한국관의 전시를 호기심 어린 눈으로 보고 있다는 데서 자부심을 느끼셨다.
"아빠 어릴 때만 해도 이런 건 상상도 못 했어. 외국이 뭐야. 먹고 살기도 힘들었는데. 성장해서 타국에서 전시도 하고 말이야.
아빠는 다른 관보다 한국관 전시가 좋다."
공부하는 입장에서 비판적인 시각으로 하나하나 뜯어보는 나와는 달리 아빠는 마냥 감탄하셨다. 한글과 사진, 전시품들은 외국어에 피로감을 느낀 아빠에게 더없이 편안한 공간이었다.
다른 관에서는 그냥 지나치기 일쑤였는데 전시들을 하나씩 꼼꼼히 살펴보셨다.
"한국의 발효문화를 이렇게 표현했나 보네. 한국 전시도 멋있지 않아?"
우리의 한국말 대화를 들었는지 안내원이 "한국에서 오셨어요?"라고 물었다. 아빠는 환한 미소를 지으며 "한국인이에요. 타국에서 한국 알리느라 수고가 많으세요."라고 대답했다.
"여행 오셨나 봐요?"

"네, 딸이랑 여행 왔어요. 전시 멋있네요!"
딸이랑 왔다는 말에 안내원은 아빠의 여행이 제법 궁금한 눈치였지만, 손님들이 몰려 대화를 길게 나누지는 못했다.

"다들 우리 여행이 신기한가 봐. 다 큰 딸이랑 단둘이 다니니까."
"아빠는 지금 행복하신 거예요. 누가 이렇게 다 큰 딸이 아빠를 모시고 다니겠어요?!"
"맞다 맞아. 우리 딸이 최고야! 그런 의미에서…. 딸 한국 음식 사주면 안 될까? 저기 식당 있는데."
출구 쪽에는 김밥, 붕어빵 등 간단한 음식을 맛볼 수 있는 간이 식대와 '비비고'가 입점해 있었다. 일본관에서 가볍게 먹자고 하니, 한국관에서 한식을 먹어야 한다던 아빠가 식당을 그냥 지나칠 리 없었다.
여행 내내 제대로 된 한식을 먹지 못한 아빠는 한식당에서 눈을 떼지 못하셨다. 매몰찬 딸은 여행 와서는 현지 음식을 먹어야 한다며 아빠에게 한식을 사주지 않았다. 한식이라고는 라면과 햇반, 다 쉬어버린 김치뿐이었으니 얼마나 드시고 싶으실까?
"그래요, 들어가서 뭐라도 먹고 가요."
아빠는 비빔밥을 주문하셨다. 15유로. 2만 원 가까이 되는 비빔밥이라니. 나는 아직 한식이 고프지 않았다. 이건 한국에서도 먹을 수 있지 않은가? 한국에서 못 먹는 음식이나 한국에서는 비싸서 먹기 힘든 음식을 먹고 싶었다. 한국에 돌아가서도 그리워질 맛을 찾고 싶었다.
"딸은 안 먹어?"

"네, 전 좀 있다 다른 나라 음식 먹을 거예요."
"그래도 좀 먹지 그래?!"
"아니에요. 아빠 많이 드세요."
실랑이 끝에 음식은 아빠 것만 주문했다. 아빠는 미안한지 계속 괜찮겠냐고 물었지만, 나는 정말로 괜찮았다. 비빔밥이 나오자 아빠는 오랜만에 만난 한식 앞에서 또 한 번 감동하셨다.

한국관에서 아빠가 대만족한 비빔밥

"한번 먹어봐. 쌀밥 못 먹은 지 좀 됐잖아."
아빠의 강요에 어쩔 수 없이 한 숟갈 떠먹었지만, 엄마가 해준 비빔밥이 세상에서 가장 맛있다고 생각하는 나에게는 큰 감동이 없었다.
"그렇게 맛있으세요?"
"당연하지. 타국에서 내가 비빔밥을 먹을 거라고 어디 상상이나 했겠어? 외국인들이랑 밀라노에서 한식을 먹으니 맛있네. 이제야 밥 먹은 것 같아."
아빠가 맛있게 드셔서 나는 안 먹어도 배가 불렀다. '아, 이게 부모의 마음일까? 맛있게 드시는 것만 봐도 배부르네.' 아빠는 한 그릇을 싹 비우셨다. 타국에서 맛본 비빔밥은 아빠에게 음식 자체가 아니라 한국인이라는 자부심과 자긍심이 담긴 나라사랑의 마음이었다. 외국에 나오면 없던 애국심도 생긴다는데, 유럽에 처음 나와 한국을 알리는 장소를 마주한 아빠가 애국심을 느끼는 게 당연하겠다는 생각이 들었다. 비빔밥을 먹은 것은 한국인으로서 지금 여기서 표현해 보일 수 있는 유일한 애국심이니까.

"딸, 이제 기운이 난다. 역시 한식이 최고야. 이제 다시 움직여 볼까?"

수고했어,
오늘도

한국관을 나와 마지막으로 한 곳만 더 가기로 했다.

"우리 독일관 가요!"

해가 지기 시작하자 문을 닫는 관들이 보였다. 이탈리아관에서 시간이 너무 지체된 탓에 놓친 관들이 많아 속상했다. 사전 정보에 의하면 독일관은 꼭 볼 필요가 있었다. 이미 지쳤지만, 없는 기운을 끌어냈다.

"아빠, 천천히 오세요! 제가 문 닫았는지 가서 볼게요."

독일관은 아직 열려 있었다. '휴, 다행이다!' 이내 곧 우리 뒤에 선 몇 명을 끝으로 입장객을 마감했다. 독일관 줄을 기다릴 때는 인내심이 거의 바닥을 드러냈다. 아침부터 엑스포장을 쏠고 다닌 탓에 다리에 힘이 없었다. 감기 걸린 몸으로 버틴 것이 대견스러웠다.

독일관 전시

"여기만 보면 오늘 일정이 끝나요. 좀만 더 버텨 봐요!"
건물에 거의 도착할 때쯤, 아빠는 그대로 바닥에 주저앉았다.
"여기 길바닥에 앉으면 어떻게 해요. 여긴 그냥 줄인데."
"다리가 너무 아파. 체면이고 뭐고 모르겠어."
길바닥에 앉아 있는 아이를 보고 바닥은 더러우니까 일어나라고 하는 부모처럼 채근했지만, 아빠는 꼼짝도 하시지 않았다. 우리 뒤에 서 있던 중년의 외국인은 아빠의 심정이 이해가 간다는 표정이었다. 그들은 우리를 보며 웃더니 한 마디 건넸다.
"유어 파더 이스 올드 맨(Your father is old man). 이츠 베리 하드(It's very hard). 미 투(me, too)."
아빠는 이해하셨는지 보디랭귀지로 다리 아프다는 시늉을 하셨다.
"괜찮아. 한국이면 이렇게 못했겠지만 여긴 이탈리아니까 우리 아는 사람 없어."
어차피 입구 문이 열리기 전까지 우린 밖에서 기다릴 수밖에 없었다.

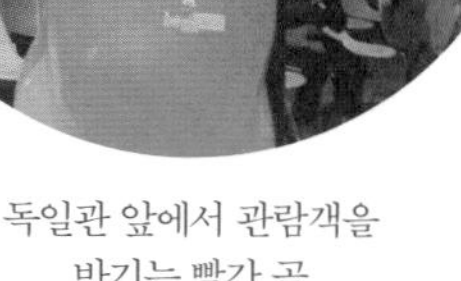

독일관 앞에서 관람객을 반기는 빨간 곰

"에라, 모르겠다. 저도 앉을래요. 힘들어요."
그런데 체면을 던지고 내가 앉자마자 입구가 열렸다. 잠시 앉았다 일어서는 것이 계속 서 있는 것보다 더 힘들었다. 엉덩이가 땅에 들러붙어 떨어질 생각을 안 했다. 아빠를 겨우 일으켜 세우고 우리는 마지막 전시관으로 입장했다. 체면 따윈 잊게 만드는 엑스포장에서 밀라노의 마지막 밤을 불태웠다. 전시를 보고 나서 맛본 독일 음식과 맥주, 그리고 나오자마자 만난 DJ 클럽공연은 힘든 하루의 일정을 후회 없이 만들어줬다.

타오르는 무더위 속에서 걷고 기다리기를 반복하며 러시아관, 슬로바키아관, 일본관, 터키관, 프랑스관, 이탈리아관, 한국관, 독일관을 돌고 완전히 녹초가 되어버린 우리. 오늘 일정을 마무리하는 생명의 나무 야간 쇼가 잠시나마 피곤함을 잊게 해줬다. 모두가 힘들 거라고 말렸던 엑스포에서의 하루가 끝나가고 있었다. 힘들었지만, 아빠와 함께 뭔가 대단한 일을 해낸 기분이 들어 어깨가 으쓱해졌다.

"와…. 멋있다! 오래 기다린 보람이 있네요."

"그러게, 멋있네. 오늘 정말 고생 많았어. 딸."

"아빠도요. 수고하셨어요. 오늘도!"

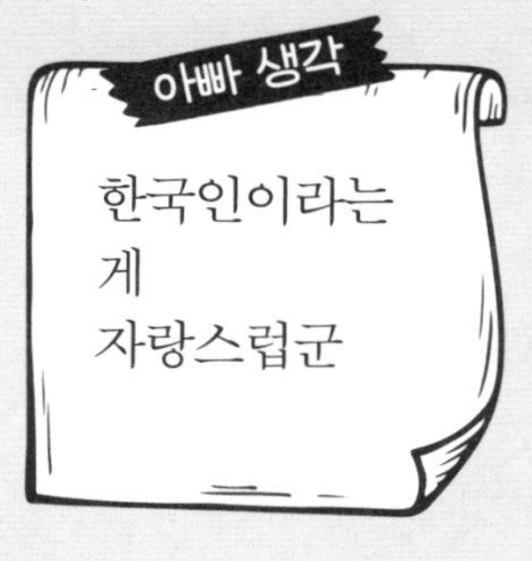

아빠 생각
한국인이라는
게
자랑스럽군

밀라노 엑스포에 왔다. 개장 시간에 맞춰왔는데 줄이 어마어마하다. 여행 내내 블레드와 피란을 제외하고는 폭염이었는데, 오늘도 엄청 더웠다. 그늘도 별로 없고, 줄은 길고. 체력적으로 힘든 날이다. 딸은 힘들지도 않나 열심히 다닌다. 보고 싶은 것이 많은 걸까? 인기 있는 관들은 기본 3시간 이상 대기하는데, 땡볕에서 기다려야 한다. 기다리는 것도 지루하고, 덥고, 이탈리아관에서는 견디다 못해 줄을 벗어나 건물 그늘에 주저앉았다. 땡볕에 홀로 서 있는 딸에게 미안했지만, 더는 못 서 있겠다. 5시간은 정말 너무했다. 대체 안에 뭐가 있길래 저리도 줄이 긴 걸까? 이렇게 기다리는데 실망만 시켜봐라!

일본관, 이탈리아관, 러시아관, 한국관, 독일관…. 참 열심히도 다녔다. 오늘 본 곳 중에서 일본관이 가장 인상 깊었다. 돈을 많이 썼나? 시작부터 눈길을 사로잡는 것이 많았다. 그렇다고 한국이 뒤처진 것 같진 않고, 그냥 방식의 차이랄까? 한국의 장독대 문화를 첨단 기법으로 멋있게 전시하고 설명한 것을 보니 우리나라가 IT 강국이긴 하구나 싶었다. 우리나라도 많이 성장했고, 다른 나라에 뒤처지지 않는 나라가 된 듯하다. 예전에 어디 이런 상상이나 할 수 있었나? 외국인들도 좋아하는 걸 보니 내가 전시한 것도 아닌데 괜히 기분이 좋다.

전시를 다 보고 한국 음식을 파는 식당에 들어갔다. 딸은 별로 내키지 않는 눈치였지만, 나는 꼭 한식을 먹고 싶었다. 한국보다 훨씬 비쌌지만, 한 끼 정도는 먹어도 되겠지? 가장 무난한 비빔밥을 시킨 후 식당을 둘러보았다. 외국인들이 제법 있었다. 그들이 한식을 먹는 걸 보니 뿌듯했다. 내가 이 사람들과 이곳에서 같이 밥을 먹다니. 외국에서 먹는 한식이라 그런지 맛이 좋았다. 아름이는 먹지 않았지만, 나는 기대하던 비빔밥을 순식간에 해치웠다. 역시 한식이 맛있다. 오랜만에 한식을 먹은 덕분인지 기운도 나고!

독일관도 인상 깊었다. 마지막 전시 관람이라 힘에 부쳤지만 볼 만했다. 이탈리아관과 러시아관은? 그냥 그랬다. 특히 5시간 기다려서 본 이탈리아관은 기다린 시간에 비하면 아쉬웠다. 허리 아파 죽겠는데, 거기다 날도 지칠 만큼 무더웠고…. 진짜 오늘 하루만큼은 나에게 말해주고 싶다.

“정말 수고했다, 상권아.”

쉿! 이건 아빠와 딸만의 비밀이야

숙소 정리를 끝내자 밀라노에 왔던 첫날처럼 집주인 아주머니가 반갑게 인사를 건네며 2박 3일 동안 머문 우리의 여행이 어땠냐고 물었다. 여행은 잘했는지, 어디를 구경했는지, 밀라노는 어땠는지, 엑스포는 볼 만했는지, 숙소는 편안했는지 등등. 아빠의 여행 소감이 더 궁금했는지 주로 아빠에게 질문했다. 아빠는 빨리 통역을 해주길 바라는 눈빛으로 나만 바라봤다. 나는 아빠의 짧고 간결한 대답을 전했다.

"굿!"

이것처럼 명확한 대답이 또 있을까? 아주머니는 이 대답을 굉장히 마음에 들어 하셨다. 나는 추가로 숙소에 대한 칭찬을 덧붙이며 고맙다는 인사를 전했다. 이로써 우리의 작별 인사 타임이 다가왔다.

"인제 그만 마지막 인사하고 가요!"

"딸, 근데 말야…."

마지막 인사를 건네려는 아빠는 자꾸만 쭈뼛쭈뼛했다.

"뭔 일 있으세요? 뭐 두고 오셨어요? 혹시 화장실 가고 싶으세요?"

"아니 그게 아니고. 이거…. 이걸 말하고 가야 할 것 같아."

아빠의 손에는 낯익은 비닐봉지가 들려 있었다. 첫날 화장실에서 깨트린 장식품이 들어 있는 비닐봉지였다. 아빠는 떠나기 직전까지 깨트린 장식품이 마음에 걸렸던 모양이었다. 집주인에게 미안한 마음이 숙소를 쉽사리 떠나지 못하게 붙들고 있었다. 나는 아주머니에게 조심스럽게 조각난 장식품을 보여주었다. "이걸 어쩌면 좋을까요?"라고 묻는 아빠의 얼굴에는 근심이 어려 있었다. 우리는 긴장해서 꼿꼿이 서 있었다.

"괜찮아요!"

아주머니의 반응은 놀라울 정도로 쿨했다. 아니 오히려 웃음을 터뜨렸다. 예상치 못한 반응에 우리는 당황했다. 아주머니는 아빠의 표정이 이해가 간다는 듯 큰 미소를 지었다. 아빠의 표정이 풀어졌다.

"이건 걱정하지 말아요. 겨우 이것 때문에 여행을 망칠 순 없어요. 이건 밀라노에서 깨끗하게 잊고, 체코에 가서 즐거운 여행하세요! 나는 당신들의 여행을 응원해요!"

"아빠, 괜찮다고 하시는데요?"

"진짜?"

"네."

"아, 고맙네. 고맙습니다! 땡큐, 땡큐!"

아빠 얼굴엔 다시 미소가 번졌다. 우리는 너무나도 친절한 그녀에게 다시 고맙다고 인사하며 마지막으로 포옹을 했다.

"굿 럭! 해피 트레블!"

아주머니는 아빠가 한식을 그리워하실까 봐 나에게 집 근처에 있다는 한국 식료품점 주소를 바로 찍어 보내주셨다. 바쁜 일정으로 그곳에 들르진 못했지만, 그녀의 배려에 감동했다.

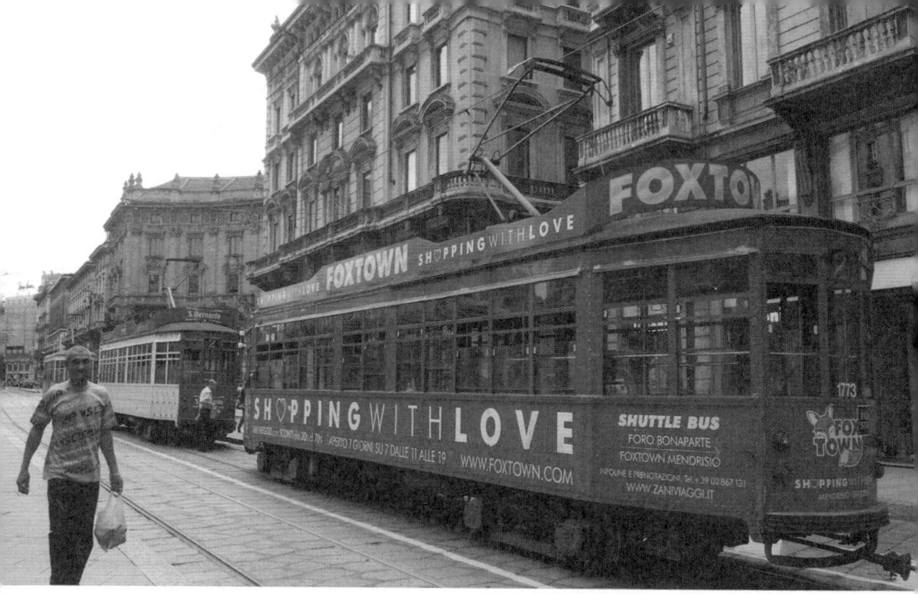
FOXTO
FOXTOWN
SH♡PPINGWITHLOVE
SH♡PPINGWITHLOVE
APERTO 7 GIORNI SU 7 DALLE 11 ALLE 19
WWW.FOXTOWN.COM
SHUTTLE BUS
FORO BONAPARTE
FOXTOWN MENDRISIO
WWW.ZANIVIAGGI.IT
1773

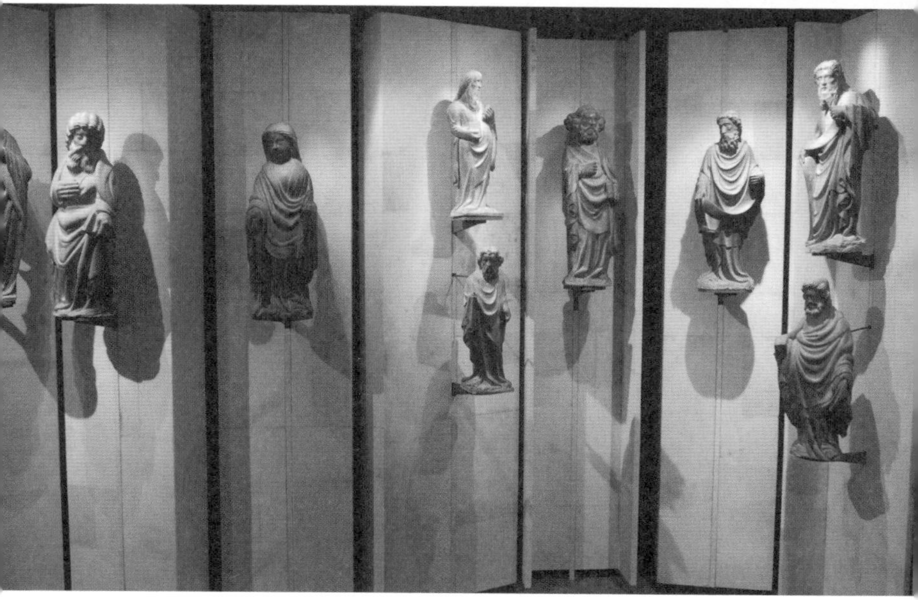

밀라노의 마지막 날에

거기다 2박 3일 동안 틈틈이 불편한 건 없는지 계속 연락을 주었던 주인 부부 덕분에 베네치아에서 생긴, 이탈리아에 대한 차가운 기억이 따뜻하게 바뀌었다. 우리 모습이 보이지 않을 때까지 우리를 지켜봐 주던 아주머니. 밀라노 여정은 아름답게 끝나가고 있었다. 적어도 공항에 도착하기 전까지는 말이다.

다시 프라하로 돌아가기 위해 밀라노 베르가모 공항행 버스를 탔다. 아빠는 여전히 아주머니의 배려에 깊이 감동한 상태였다.

"정말 고마우신 분이야. 혹여 화를 내거나, 장식품을 빌미로 터무니없는 돈을 요구하면 어쩌나 했는데. 친절하신 분이셨어. 숙소도 마음에 들었고. 우리 딸 덕분에 내가 호강하네."

아빠는 자연스럽게 나를 칭찬하셨다. 이제 나를 어느 정도 파악하신 것 같다. 내 눈치를 보지 않고도 내 기분을 좋게 하시는 걸 보니!

밀라노에서 겪은 일들로 대화를 나누다 보니 어느새 공항에 도착했다. '이제 곧 다시 프라하에 가는구나!' 프라하행 항공권 발권을 위해 줄을 기다릴 때만 해도 꼭 집에 돌아가는 여행자처럼 마음이 편안하고 좋았다. 그런데 우리 차례가 돼서 카운터에서 여권과 출력물을 꺼낸 순간 행복은 사라져버렸다.

"뭐라고요? 다시 한번 말씀해주시겠어요?"

조금 전까지만 해도 우리는 행운아라며 밀라노에 다시 와도 그 집에 머물 거라고, 이탈리아에 대한 기억이 좋아서 다시 오고 싶다고 이야기했는데, 한순간에 그런 마음이 사라져버렸다.

내 표정은 굳었고, 직원은 나를 계속 쳐다보며 내 실수라고, 인정하라는 말을 눈빛으로 건네고 있었다. '이런 바보. 이런 바보.'

"무슨 일이야? 왜? 무슨 문제 있대?"
"그게요, 제가 잘못했어요. 벌금 내야 해요."
"왜? 무슨 잘못? 얼마나?"
"하! 정말 바보예요, 저는."
"무슨 일인데?"
"인터넷 발권을 신청만 해놓고, 안 했어요. 70유로 내야 해요."
'기껏 저가 항공 싼 가격에 샀다고 좋아했는데! 벌금이 항공가라니. 벌금을 내면 제값 주고 산 것밖에 더 되나?' 나 자신에게 화가 났다. '내가 이런 바보 같은 짓을 하다니. 클릭 한 번 했으면 되는 일인데. 그럴 시간도 충분했는데, 왜 까마득히 잊어버린 걸까?' 직원은 더는 기다려주기 힘들다는 눈빛으로 벌금을 빨리 내라고 재촉했다. 그녀는 또렷한 발음으로 금액을 말했다.
"세븐티 유로."
직원에게 사정도 해보았지만, 눈 한 번 깜짝 안 했다.
"어쩔 수 없지. 돈은 있어? 없으면 카드로 계산해."
70유로면 적은 돈도 아닌데, 아빠는 화를 내지 않았다. 오히려 속상한 마음을 잘 안다는 듯이 위로해주셨다.
"사람은 누구나 실수할 수 있지. 우리 딸이 그럴 사람이 아닌데, 바빠서 잊어먹은 걸 거야."
프라하에 다시 가면 지금까지 하지 못한 쇼핑을 하겠다며, 아끼고 아낀 돈이 내 지갑에서 나갔다. 십만 원에 가까운 돈이 직원의 손에 건네졌다. 저가 항공답게 카운터에는 벌금명세들을 상세히 적어놓은 안내판이 놓여 있었다. '저런 것도 벌금이구나. 저렇게 벌금명세가 많다니.'

끝까지 긴장을 늦추지 말았어야 하는데, 완벽할 수 있었던 여행에 남은 커다란 오점이 마음을 후볐다. 아빠가 그만 잊으라고 해도 70유로는 쉽사리 내 머릿속에서 떠나지 않았다.

"다시는 밀라노 안 올 거예요. 바보! 아까만 해도 기분 좋았는데. 아빠랑 내 선물 사려고 아껴둔 돈을 이렇게 바보처럼 날리다니."

"딸, 아까 아주머니가 우리한테 그랬잖아. 겨우 그것 때문에 여행을 망치면 안 된다고. 돈 때문에 남은 여행을 망치면 안 되지. 마지막 액땜했다고 생각하자! 남은 여행은 좋은 일만 있을 거야. 그만 잊고 얼굴 펴!"

"그래도 이건…. 네, 알겠어요."

아주머니는 우리의 앞날을 내다봤던 걸까? 나에게 주문을 걸었다.

"잊자, 잊자, 잊자! 더 좋은 일이 생길 것이다!"

"딸, 오늘 실수는 우리만 아는 비밀로 하자! 식구들한테는 절대 비밀이야!"

나와 아빠는 입을 모았다. 식구들에게 쌍으로 덤 앤 더머라는 말을 듣지 않기 위해.

"쉿! 이건 우리 둘만의 비밀!"

오늘만큼은 비행기에서 졸지 않을 것 같았다, 마음이 이렇게 쓰린 걸 보니. 이런 실수는 두 번 다시 없어야 해, 절대로!

쇼핑, 그것이 무엇인가요

프라하에 무사히 도착했다. 잊으려고 애썼지만 벌금 때문에 고뇌의 시간을 보낸 탓에 피로에 찌들어 있었다. 벌써 어둑해진 프라하 외곽의 컴컴한 밤이 내 마음을 대변하는 듯했다. 관광지가 아닌 프라하 주변부의 밤은 어둡고 삭막했다. '반짝반짝 빛나는 야경이 나를 반겨줄 줄 알았는데.' 숙소까지는 외곽을 돌고 도는 먼 길이었다. 그날 밤, 우리는 새로 잡은 숙소 근처에 있는 멕시코 식당에서 BBQ를 먹고 그대로 돌아와 잠들었다.

다음 날 아침, 만나기로 한 헬렌과 연락이 안 되면서 약속이 어그러졌다. 헬렌과 아르타임맘스 친구들을 만나기 위해 비워둔 일정이 의도치 않게 텅 비어버렸다. 뒤늦게 체스키 크룸로프를 가보려고 했지만, 오전에 출발하는 표는 매진되고 없었다. '어제 밀라노에서 분명 액땜을 했는데?' 70유로의 벌금이 다시금 떠올라 마음이 아팠다.

"아빠, 오늘 뭐 하고 싶으세요? 하고 싶은 거 있으세요?"

아빠는 조심스럽게 '오늘 하루 쉬는 건 어떨까?'라고 말하고 싶은 눈치였다. 하지만 여행의 마지막 일정인데 가만히 쉬면 아쉬움이 남을 듯했다.

"가족 선물 안 샀는데, 뭐라도 사가야 하지 않을까요?"

"남은 돈 있어?"

유로는 얼마 남지 않았지만, 통장에 돈이 남아 있으니 국제체크카드를 최대한 활용해보기로 했다. 다른 건 몰라도 이번 여행에 십시일반 돈을 모아준 가족들의 선물만큼은 챙겨야 했다. 아빠와의 여행에서 배제되어 있던 '쇼핑'이란 단어, 날려버린 70유로와 함께 포기한 쇼핑 타임을 처음이자 마지막으로 부활시키기로 했다.

이번 여행에서는 '쇼핑이 뭔가요?'라고 할 만큼 아이쇼핑조차 제대로 하지 못했다. "와, 예쁘다." 하면, 아빠는 이미 저 멀리 가고 있었다. 간혹 타이밍이 맞아 "여기 들어가 볼까요?" 해서 들어가면, 내가 이것저것 구경하는 사이에 아빠는 시야에서 사라졌다. 처음엔 아빠를 잃어버린 줄 알고 깜짝 놀랐는데, 나중엔 '어딘가에 앉아 계시겠지.' 했다. 그리고 '아빠가 기다리실 테니 얼른 나가야지.'라는 생각에 구경하다 말고 나오기 일쑤였다. 아빠는 언제나 상점 밖에서 기다리고 있었다. 구경하는 시간이 가끔 길어지면 왜 이리 늦게 나왔냐며 심심한 표정을 지었다. 목적 없는 아이쇼핑은 아빠에게 지루할 뿐이었다.

밀라노를 떠나는 날 오전에 엄마 선물을 사러 가자고 권했지만, 아빠는 그냥 두오모 광장에 있겠다고 했다. 여행하면서 피란을 제외하고는 한 번도 아빠랑 1시간 이상 떨어진 적이 없었는데, 처음이었다.

"그러면 거기 꼼작 말고 계셔야 해요. 어디 가시면 안 돼요. 누가 호의를 베풀면 단호하게 거절하셔야 하고요. 아빠 여기서 잃어버리면 큰일 나니까, 절대로 어디 가시면 안 돼요!"

"걱정하지 마. 아빠 아기 아니야."

목각인형, 자석 등 다양한
기념품들

하지만 어린애를 두고 가는 엄마처럼 마음이 편치 않았다. 나는 그날 아무것도 사지 못하고 두오모 광장으로 돌아왔다. 물건보다 시계를 더 자주 들여다보다가 아빠와 약속한 시각이 다가오면 똥 마려운 강아지 마냥 어쩔 줄 몰라 했다. 들고 있던 물건을 내려놓고 아빠가 있는 곳으로 숨도 못 쉬고 뛰어갔다. 계단에 앉은 아빠가 시야에 들어왔을 때야 비로소 안도했다. 아빠는 손을 흔들었다.

"여기 계속 계셨어요?"

"당연하지. 시간이 됐는데도 안 와서 얼마나 걱정했는데, 국제미아 되는 줄 알고. 화장실도 가고 싶은데, 가지도 못하고. 여기 꼼짝 않고 앉아 있었어. 잘했지?"

1시간 만에 이루어진 부녀상봉에 아빠는 기뻐했다.

"다음엔 같이 쇼핑해요. 아빠가 없으니까 마음이 불편해서 쇼핑할 수가 없었어요. 그냥 저 따라와서 상점 앞에 앉아 계세요. 눈앞에 보여야 제가 맘 편히 쇼핑할 수 있겠어요."

아빠는 고개를 끄덕이셨다.

그래서 프라하에서의 쇼핑은 아빠와 동행했다. 아빠도 쇼핑에 적극적으로 참여해야 한다는 것이 내 의견이었다. 적어도 엄마 선물만큼은 아빠가 골라야 한다. 아빠는 돌아가서 엄마의 잔소리를 듣지 않기 위해서라도 내 말에 동의할 수밖에 없었다. 까먹은 벌금 때문에 살 수 있는 물건이 제한되었다. 쇼핑센터를 돌고 돌아 아빠가 결론을 내렸다.

"그냥 그릇이나 컵 세트 사가자! 우리 가족 선물."

예상 밖이었다. 많고 많은 선물 중에 왜 하필 그릇과 찻잔이지?

"전에 엄마가 그랬어. 그릇이 다 깨져서 없다고. 찻잔도 다 다르잖아. 식구들 거 다 사가지 뭐."

처음으로 아빠가 쇼핑에 적극적이었다. 그릇은 부피도 크고 깨지지 않게 잘 싸야 해서 신경 쓸 게 많은데도 아빠는 개의치 않았다. 상가에 막 발을 들일 무렵엔 여느 때처럼 서 있기만 했는데, 선물을 정하고 사기로 한 후론 꼼꼼히 살펴보셨다. 찻잔의 디자인은 아빠가 선택했다. 식구 수대로 찻잔도 하나 더 추가하고, 양파 그릇도 5개나 샀다.

"돈 없으면 그냥 카드로 사."

"예전에 사다 준 그릇도 안 쓰던데, 이것도 그렇지 않을까요?"

"언제 사 왔어?"

"제가 전에 핑크 그릇으로 사갔거든요. 근데 엄마가 예뻐서 못 쓰겠다면서 나중에 저 시집가면 혼수로 가져가랬어요. 이것도 그러지 않을까 싶은데."

"아니야, 사가면 쓰겠지. 아빠가 쓸 거야. 걱정하지 마. 50%나 할인판매를 해서 산 거니까 엄마도 좋아할 거야. 한국에서는 비싸다며."

아빠는 뭔가 뿌듯한 표정이었다. 이걸 사가면 온 가족이 좋아할 거라고 확신하시는 듯했다. '흠…. 엄마는 그렇다고 해도 동생들은 좋아할까? 나는 잘 모르겠는데….'

"쇼핑은 그냥 가족이나 친구들에게 조그만 선물로 성의 표시하는 건데 뭐 그리 어렵게 생각해? 복잡하게 생각하면 한없이 복잡한 거야. 쉽게 생각해."

어쨌든 우린 그릇들을 꽁꽁 싼 상자를 들고 숙소로 향했다. 아빠의 발걸음이 가벼워 보였다. 내가 생각한 쇼핑 타임은 이게 아닌데 빠르게 끝나버렸다. 여행 내내 산 것이라곤 이게 전부였다. 작은 열쇠고리 하나도 사지 않았다. 어떻게 이럴 수 있지? 그 흔한 엽서 한 장 사지 않았다니!

쇼핑, 그것이 무엇인가요?

소년, 남자, 아버지를 만난 여행의 끝

여행 마지막 날이 밝아왔다. 올 것 같지 않았던 시간, 그새 한국 가는 날이 다가와 있었다. 바짝 긴장한 여행 첫날에 비하면 제법 여유가 생겼다. 아빠에게 이곳저곳 다 보여드려야 한다는 조급한 마음과 잘 모시고 다녀야 한다는 책임감을 내려놓으니 한결 마음이 편안해졌다. 조금 더 일찍 이랬으면 우리 여행이 좀 더 즐겁지 않았을까? 시간이 갈수록 내 욕심을 채우기보다 아빠 입장에서 한번 더 생각하게 되었다.

여행 초반에는 많은 것들로 부딪쳤다. 가족 가운데 아빠가 나와 가장 잘 맞는 줄 알았는데, 내가 몰랐던 모습이 불쑥불쑥 튀어나왔다. 아빠는 시시각각 변했다. 어린아이, 소년, 남자, 아빠, 가장, 중년, 노인…. 아빠에게서 한 남자 인간의 일대기가 보였다.

마지막 날 아침, 평소처럼 나는 아빠에게 스킨, 로션, 선크림을 일일이 발라줬다. 아빠 혼자서는 화장품을 절대 바르지 않았다. 나는 아침마다 자식 챙기는 엄마의 마음으로 아빠를 챙겼다. 처음엔 아빠도 나도 어색했지만, 하다 보니 익숙해졌다. 뭐든 처음이 힘들지, 익숙해지면 괜찮아진다. 뭘 이런 것까지 해주냐 하던 아빠가 이젠 알아서 화장품을 챙겨두고 침대에 가만히 앉아계셨다. 뭔가 뿌듯해져서 웃으면서 화장품을 발라드리는데, 가만히 있던 아빠가 말했다.

"딸, 나중에 말이야. 아빠가 나이가 더 들어서 거동도 못 하면 그때도 우리 딸이 이렇게 와서 아빠 챙겨줄까?"

순간 멍해졌다. 지금 내 앞에 있는 아빠도 내 생각보다 나이가 더 들어 있는데, 여기서 더 나이가 든다는 건 생각하지도 않았고, 생각하기도 싫었다.

"아빤 왜 그런 말을 해요? 그때도 제가 챙겨줄 테니까 걱정하지 마세요!"

"그래, 우리 딸이 챙겨 줄 거야. 지금도 이렇게 잘해주는데."

"그럼요~ 내가 얼굴에 팩도 붙여드리고 할 거예요."

"얼마 전에 엄마가 딸 덕분에 내 피부가 호강한다고 하더라. 맞는 말이야. 내가 얼굴에 팩도 다 하고."

아빠가 자는 동안 몰래 팩을 붙이고 사진을 찍었더랬다. 내가 잘 때 몰래 사진 찍어 복수할 거라던 아빠는 팩을 붙인 게 내심 싫지 않으셨던 모양이었다.

"나이 들수록 피부 관리해야 해요. 겨우 환갑이잖아요! 요즘 환갑은 노인 축에도 못 낀대요! 흰머리 봐요. 여행하는 동안 염색 안 했다고 나왔네요. 한국 가면 염색하세요."

프랑스식으로 꾸며진 발트슈테인 정원

"염색 자주 하니까 머리숱도 없는데 자꾸 빠지고. 그냥 흰머리로 두면 안 될까?"
"젊게 사셔야죠! 머리 더 빠지면 제가 멋진 가발 선물해드릴게요!"
나는 울컥한 마음에 오히려 더 큰 소리로 말했다.
"가발은 무슨. 됐어!"
아빠는 갈수록 '나중에.'라는 말을 많이 했다. 그때마다 내 눈에는 자동반사적으로 눈물이 고였다. 아빠에게는 나를 울리는 재주가 있었다. 남들 앞에서 잘 울지 않는데, 아빠 앞에서는 유독 눈물이 많아졌다. 여행 내내 거동이 불편했던 아빠는 체력의 한계에 부딪히며 마음이 많이 약해지신 모양이다. 나는 슬픈 마음을 애써 가다듬었다.

"아빠, 오늘이 여행 마지막 날인데, 프라하에서 하고 싶은 거 있으세요?"

늦은 오후 비행기를 타기 전 반나절가량 여유가 있었는데 시간은 야속하리만큼 빠르게 흘러갔다. 오전은 아빠 지인들께 드릴 선물용 과자를 잔뜩 산 후 짐을 다시 싸느라, 오후는 발트슈테인 정원을 거닐다가 끝이 나버렸다. 떠나기 전 마지막으로 카렐교를 거닐고 싶었는데, 트램 안에서 바라만 봤다. 대신 루브르 카페에 가서 프라하에서의 마지막 시간을 보냈다.

"케이크 드실래요?"

"딸이 먹고 싶은 거 시켜."

매번 아빠랑은 밥만 먹다가 카페에 와서 케이크를 먹자니 어색했다. 아무렴 어떠냐? 먹고 싶은데! 주문한 케이크가 나오자 내 동공이 커졌다.

"예쁘지 않아요? 맛있을 것 같죠? 한 번 드셔보세요."

계속된 권유에 괜찮다며 손도 안 대던 아빠가 케이크를 한 입 드시더니, 계속 손이 케이크로 갔다.

정원에서 만난 공작과
비단 잉어

"맛있죠? 여기 케이크가 맛있어요! 역시 단것이 입에 들어가니 힘이 나네요!"
"그러네, 내가 딸 덕분에 이런 곳도 다 와보네. 이 나이에 딸이랑 카페에서 케이크도 먹고. 좋다!"
"아빠도 카페도 가고 하세요. 술자리만 가지 마시고요."
"남자들이 술 마시면 됐지. 뭐 이런 데 오겠어. 딸이나 되니까 아빠를 카페에 데려와 주지."
"그렇죠, 담에 또 같이 와요! 그리고 엄마랑도 종종 이런 데 다니시고요!"
커피는 믹스커피가 제일 맛있다는 아빠가 카페에 갈 일은 없었다. 아빠는 그동안 먹어본 케이크와 차원이 다른 맛에 딸이 왜 디저트를 먹으러 카페에 가는지 알 것 같다고 했다.
"아빠가 공감해주니 카페에 모시고 온 보람이 있네요."
루브르 카페를 끝으로 우리 여행은 마무리되었다. 숙소로 돌아가 짐을 찾고, 버스를 타고 공항으로 향했다. 공항 면세점에서 이것저것 선물을 마저 사느라 비행기에 타는 순간까지 정신이 없었지만, 무사히 비행기를 탔다. 물론 착석하는 순간까지도 계획은 어그러졌다.
"붙어있는 두 좌석이 없다고요?"
"단체가 있어서 떨어져 있는 좌석만 가능해요."
따로 앉는 것도 모자라 자리도 멀리

루브르 카페의
조각 케이크

여행 마지막 날의 하늘

떨어져 있었다. 거기다 단체 관광객들의 요청으로 자리를 한 번 더 이동했다. 다행히 이전 자리보다 아빠를 감시하기에 좋은 자리였지만 여전히 멀었다.

"혼자 앉아도 괜찮으시겠어요?"

"걱정하지 마, 이제 집으로 가는데 뭔 일 있겠어? 여기 영화 다 보면 한국 도착하겠지!"

여행 내내 붙어 다녔는데, 비행기에서 떨어져 앉게 될 줄은 상상도 못했다. '이건 막판까지 긴장을 늦추지 말라는 계시인가?' 나는 틈나는 대로 아빠에게 갔다. 불편한 것은 없는지, 식사는 잘했는지, 지루하지는 않은지 물었다. 아빠는 다 본 영화를 반복해서 보고 있었다.

"올 때도 본 영화를 또 보는데 재미있으세요?"

"응, 봐도 봐도 재밌어."

"아빠도 참…."

"진짜 괜찮으니까 걱정하지 마. 여기 앞 좌석이라 자리도 넓고 좋아."

여행 내내 알게 모르게 딸 눈치를 봤을 아빠. 비행기에서 딸과 떨어져서 편히 있으니 좋으신 걸까? 아빠의 진심을 알 수는 없었지만, 나는 시원섭섭했다. 아빠와의 여행을 막 시작했을 때는 불편하고 힘들었는데, 18일 가까이 붙어 다니다 보니 이제는 떨어져 있는 것이 오히려 어색했다. 겨우 몇 좌석 뒤에 있는 건데도 자꾸만 신경이 쓰였다.

나의 내면엔 변화가 생긴 게 분명했다. 정확히 설명할 순 없지만, 아빠에 대한 내 감정이 이전과 같지 않았다. 이 낯선 기분은 뭐지? 한국에 돌아가면, 다시 우리는 서로의 일상을 살아갈 것이다. 또다시 바쁜 일상을 보내며 가족 관계보다 사회적 관계에 더 집중하겠지. 이렇게 오랜 시간 아빠와 단둘이 붙어 지낼 일은 없을 것이다. 언제나 그랬듯이.

아빠와 나의 여행이 일상에 어떠한 영향을 미칠까? 어쩌면 별 영향이 없을지도 모른다. 하지만 단둘이 떠난 여행에서 서로 부딪치며 느끼고 배운 것들이 아빠와 나 사이에 보이지 않는 끈끈한 무언가를 만들어 줬기에, 우린 훗날 이 시간을 추억하며 그리워할 것이다. 적어도 난 두고두고 되돌아볼 것 같다. 이 시간이 없었다면, 나는 평생 아빠를 내가 아는 단편적인 모습들로만 기억했을 테니까. 이 여행 덕분에 나는 아빠의 다양한 모습을 마주하며 놀랐고, 안타까웠고, 미안했고, 슬펐고, 고마웠다. 우리 가족의 '가장'이고, '아빠'라는 타이틀에 익숙한 나에게 아빠는 '가장'도 '아빠'도 아닌 보통 '한 남자', 나와 같은 '인간'임을 깨달았다. 아빠의 어깨에 놓인 무거운 짐이 얼마나 무거운지, 얼마나 많은 것을 숨기며 살아왔는지 알 수 있었다. 여행이 끝나가는 지금, 아빠에게 고맙고 미안했다. 함께 다니며 더 잘해드리지 못하고, 더 많이 배려해주지 못해서. 그런데도 부족한 딸을 끝까지 믿고 따라줘서.

"곧 착륙합니다."
서울에 도착했다는 기내 방송이 흘러나왔다. 비행기에서 내리자 습하고 무더운 한국의 여름이 우리를 반겼다. 몸은 피곤했지만, 마음은 가벼웠다. 아빠의 얼굴에 미소가 번졌다.
"딸, 한국이다!"
"아빠, 여행하시느라 수고 많았습니다! 웰컴 투 코리아!"
"딸도 여행하느라 수고 많았어. 고맙다, 딸! 아빠 여행시켜줘서!"
아빠와 딸의 여행은 이렇게 끝이 났다. 아무 탈 없이 무사히.
'고맙습니다. 무사히 한국에 오게 해줘서!'

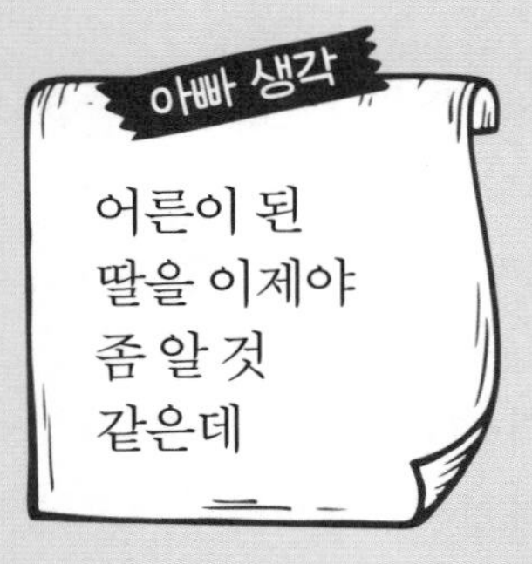

아빠 생각
어른이 된
딸을 이제야
좀 알 것
같은데

여행이 끝나가고 있다. 처음엔 할 수 있을까 걱정했던 여행이 끝나가니 시원섭섭하다. 빨리 한국에 가서 한식도 먹고, 가족들, 친구들도 만나고, 일도 하고… 한국의 일상이 그리우면서도 한편으로는 딸과 이런 여행을 언제 또 할 수 있을까 싶어 아쉽다. 이제야 여행에 조금 익숙해지는 것 같은데, 어른이 된 딸을 조금 알 것 같은데. 문득 이 여행이 딸과의 처음이자 마지막 여행이 될지도 모른다는 생각이 들었다.

여행 준비할 때부터 지금까지 딸은 하나에서 열까지 나를 챙겨주었다. 아침잠 많은 애가 일어나서 아침 식사를 차려주고, 스킨에, 로션에, 얼굴 탄다고 선크림까지 매일 발라주고, 가끔은 팩도 붙여주고. 허리 아픈 나를 꼭 붙들고 심청이 마냥 데리고 다니고….

나중에 내가 거동도 못 하는 노인이 되면, 그때 누가 나를 보살펴줄까? 내 자식들이 나를 보살펴줄까? 힘들다고 싫어하지 않을까?

딸에게 말했더니 그때도 해줄 테니까 다시는 그런 말 하지 말란다.

애써 눈물을 참는 딸에게 또 괜한 소리를 해서 울리려 하나 싶어 더는 말을 잇지 않았다. 괜히 뭉클해진다. 나이가 드니까 이상하게 눈물이 늘고 마음이 약해진다. 사람 목숨, 인간의 힘으로 어찌할 수 없으니, 살아생전만이라도 건강하게 살아가야지.

epilogue

우리는 틈날 때마다 가족여행을 떠나게 되었다

언제 아빠와 여행을 다녀왔나 싶을 만큼 시간은 빠르게 흘러갔다. 그동안 우리에게 어떤 변화가 있었을까? 한국에 돌아와 하루하루 평범한 일상을 지내다 보니, 유럽에서의 3주가 사진첩에 고이 끼워진 빛바랜 사진들처럼 희미해지고 있었다. 그런데도 가끔 아빠와 여행 이야기를 나눌 때면, 다른 식구들은 알지 못하는 우리의 추억이 새삼 그리워지기도 했다. 아빠는 어제 일도 잘 기억 못 하는데 유럽여행이 생각나겠느냐고 하면서도, 방송에서 우리가 간 곳이 나오면 "딸! 여기 우리 갔던 곳이다." 하며 좋아하셨다. 누가 묻지도 않았는데 엄마나 동생들에게 당시 간 곳에 대해 설명도 하시고. 지난번엔 가족끼리 놀러 간 삼척 환선굴에서 포스토이나 동굴이 떠오르셨는지, "여기 오니까 슬로베니아에서 간 엄청난 동굴이 생각난다. 거기가 유럽 최대 종유석 동굴이었지 아마?! 진짜 어마어마했는데…. 당신도 봤으면 입을 다물 수 없었을 거야."라고 말씀하셨다. 그럴 때마다 엄마는 나와 아빠만 아는 이야기를 질투라도 하듯이 "딸이랑 다녀오니 좋았수?!"라고 물었다. 아빠는 "우리 딸이 고생했지 뭐."라고 대답하며 은근슬쩍 엄마의 질투를 피해가셨다. 웃음이 나왔다.

"아빠, 저랑 다니셔서 엄~청 좋았다는 거 알지만, 담엔 저 말고 엄마랑 여행 가셔야 해요."

아빠와의 여행 이후 우리 가족은 틈날 때마다 국내로 가족여행을 떠났다. 강원도, 제주도, 전라도, 경상도 등 전국 방방곡곡을. 다 큰 성인들이 엄마의 "모여"라는 말에 불평하면서도, 어느새 함께 차를 타고 어딘가로 향했다.

"아니, 이래서 어디 두 분 원하시는 대로 결혼이라도 하겠어요? 주말에는 데이트하게 해주셔야죠! 사람 만나기도 점점 힘들어지는데."

모두가 암묵적 동의하에 여행을 함께 떠난 건, 다 함께 여행할 시간이 우리에게 많이 남아있지 않음을 서로 잘 알기 때문이었다. 시간은 절대로 멈춰 서지 않는다. 흐르는 시간 속에서 우리에게 소중한 것들을 놓치지 않고자 노력해야 한다는 사실을 우리는 여행을 통해 깨달았다. 특히나 내가 사랑하는 사람들과 오랜 시간 많은 추억을 쌓으려면 건강해야 한다는 것을 뼈저리게 느꼈다.

그래서였을까? 아빠는 유럽에 다녀온 후로 운동을 시작하셨다.

평생 운동에 취미가 없던 아빠가 스스로 헬스장을 등록하고 매일같이 다니셨다. 식구들이 잔소리하며 데리고 가서 등록을 시켜줘도 가는 둥 마는 둥 하던 아빠인데, 실로 놀라운 변화였다.
"유럽 가서 무슨 일 있었어? 아니, 너네 아빠가 저녁만 먹으면 운동하러 가. 신기한 일일세."
뜻대로 움직여주지 않던 몸에 적잖이 충격을 받으신 듯했다. 아직 노인도 아닌데, 딸에게 의지할 수밖에 없었던 시간에 대한 각성과 반성이라고 했다. 그 덕분에 아빠는 지금까지 꾸준히 운동을 해서, 이젠 잘 돌아다니신다.
"유럽에서는 잘 걷지도 못하시더니…."
"그땐 내가 허리가 아파서 그랬잖아. 지금은 이 정도로 힘들지 않아. 아빠 이제 잘 걸어."
"그러니까, 지난번에 모임에서 놀러 갔을 때도 나는 힘들었는데, 네 아빠는 잘 다니더라고. 운동이 효과가 있긴 한가 봐. 유럽여행 다녀오더니 확실히 변했어."

내가 아빠의 나이가 되어도 떠올릴 추억거리

처음 아빠와 여행을 떠나고자 결심했을 때만 해도, 어떠한 그림도 그릴 수 없었다. 솔직히 어렵고 힘들 것만 같아서 부담스럽고 걱정스러웠다. 그러나 지금, 그때의 선택이 내가 한 일 중에서 가장 잘한 일 중 하나라고 생각한다. 내 평생 아빠와 다시 이런 추억을 쌓을 수 있을지 모르는데 훗날 아빠에 대해 곱씹을 수 있는 추억거리, 이야깃거리가 생겼으니까. 내가 아빠의 나이가 되어도 이 추억만큼은 변치 않고 내 마음속에 남아있을 테니까. 그리고 어쩌면 평생 몰랐을 '아빠'로서의 마음과 한 남자의 일대기를 조금이나마 알고, 이해하게 되었으니까.
언제 또 이런 기회가 있을까? 기회가 다시 생긴다면 그땐 근심 걱정 없이 과감히 떠나리라. 더 늦기 전에, 더 큰 후회를 하기 전에. 아무리 백세 시대라 한들, 건강한 몸으로 다 함께 여행을 떠날 수 있는 기간은 정해져 있다. 그러니 소중한 시간을 헛되이 낭비하지 말아야지. 사랑하는 사람들과 추억을 만들며 살아가기에도 우리네 인생은 결코 길지 않으니 말이다.

마지막으로 2017년 1월에 지병으로 세상을 떠난 이르카를 떠올리며, 그와 함께한 추억들을 되새겨 본다. 다음번엔 리틀 아름과 프라하를 방문하겠다던, 결국 지키지 못한 약속을 나 홀로 가슴에 고이 묻어본다. 다시 프라하에 간다면, 그가 잠든 곳을 방문해야지. 언젠가 한국을 여행하고 싶어 하던 그에게 한국 이야기를 들려줘야지. 비록 이제는 만날 수 없지만, 난 당신을 기억할 거예요. 안녕, 이르카! 고마웠어요.

내 생에 언제 딸과 단둘이 여행을 또 하겠나

딸과 여행을 다녀온 후, 많은 지인이 우리 여행에 관심을 가지고 여러 가지를 물었다. 사실 딸이 거의 다 준비했기 때문에 여행 팁이나 정보는 아는 것이 없으니 할 말이 별로 없었다. 태어나서 딸과 이렇게 많은 추억을 만든 적이 있었나 싶을 만큼 많은 것을 함께했을 뿐. 내 친구들은 굉장히 부러워했다. 가기 전에는 걱정이 많았는데, 다녀와 보니 그건 기우였다. 내 생애 언제 이런 여행을 또 할 수 있겠는가?

여행은 딸과 추억을 만들게 해주었고, 훌쩍 커버린 딸에 대해 새로운 것들을 알게 해주었으며, 서로 사랑하는 마음을 알 수 있는 시간이었다. 세상에 태어나서 처음 딸과 함께 체코, 슬로베니아, 이탈리아 여행을 다니면서 많은 것을 보고 느꼈다. 딸의 능력은 놀라웠다. 혼자서 모든 일을 처리하는 모습을 보니 흐뭇하고 든든했다.

특히 플젠의 맥주 공장에서 체코어 투어에 등록한 유일한 동양인이라 가이드는 우리가 과연 자기 설명을 알아듣는지 궁금한 눈치였다. 딸이 체코어를 전공하고 프라하에서 생활했기에 가능한 일이었지만, 그래도 대견했다. 어떤 어려운 일도 혼자서 굳건히 이겨내리라 확신하며 여기까지 왔다는 것이 내심 고마웠다. 또 자식을 키우고 가르친다는 게 이런 것이구나 싶어 흐뭇하고 기뻤다. 비록 몸 상태가 좋지 않아서 어려운 여행이었지만, 돌아와서 매일 운동도 조금씩 하며 건강을 챙기고 있다. 다음엔 건강한 몸으로 우리 가족 모두 같이 여행을 가야지!